Bernhard von Poten

Kommandobuch zum Exerzir-Reglement für die Kavallerie vom 10. April 1886

Bernhard von Poten

Kommandobuch zum Exerzir-Reglement für die Kavallerie vom 10. April 1886

ISBN/EAN: 9783744602365

Hergestellt in Europa, USA, Kanada, Australien, Japan

Cover: Foto ©ninafisch / pixelio.de

Weitere Bücher finden Sie auf **www.hansebooks.com**

Kommandobuch

zum

Exerzir-Reglement für die Kavallerie

vom 10. April 1886.

Sonderabdruck aus „Militärischer Dienst-Unterricht für die Kavallerie des Deutschen Reichsheeres" von B. Poten, Königl. Preuß. Oberst z. D., Vierte Auflage.

Berlin 1886.
Ernst Siegfried Mittler und Sohn
Königliche Hofbuchhandlung
Kochstraße 68—70.

Kommandobuch

zum

Exerzir-Reglement für die Kavallerie

vom 10. April 1886.

Sonderabdruck aus „Militärischer Dienst-Unterricht für die Kavallerie des Deutschen Reichsheeres" von B. Poten, Königl. Preuß. Oberst z. D., Vierte Auflage.

Berlin 1886.
Ernst Siegfried Mittler und Sohn
Königliche Hofbuchhandlung
Kochstraße 68—70.

Die Ausbildung im Exerziren.

(Exerzir-Reglement für die Kavallerie vom 10. April 1886.)

[Erster Theil.]
Ausbildung zu Fuß.

[Erster Abschnitt.]
Allgemeine Bestimmungen.

[§ 1.] Das Exerziren zu Fuß beschränkt sich auf das für die Ausbildung des einzelnen Mannes, den Garnisondienst und die Parade zu Fuß unentbehrliche Maß.

[§ 2.] Kommandos: Avertissements- und Ausführungskommandos; erstere werden gedehnter, letztere, außer „H—a—l—t", kurz gegeben.

[§ 3.] In der Minute werden 112 Schritt zu 0,80 m zurückgelegt; ein Marsch zu 75 Schritt in der Minute dient zur Ausbildung.

[Zweiter Abschnitt.]
Ausbildung des einzelnen Mannes und des Trupps.

[§ 4.] Stellung ohne Seitengewehr.

„**Stillgestanden!**"

Ungezwungen. Absätze auf einer Linie so nahe aneinander, als Körperbau und Sporen erlauben; Fußspitzen gleichmäßig so weit auswärts, daß die Füße nicht ganz einen rechten Winkel bilden; Kniee zurückgezogen, nicht steif; Leib senkrecht auf den Hüften; Brust und Oberleib etwas vor; Schultern zurück, ungezwungen in gleiche Höhe gesenkt. Arme längs des Leibes hängend; Ellenbogen nahe am Leibe, etwas gebogen, nicht angedrückt; Handballen wenig auswärts gedreht. Kopf grade; Hals frei aus den Schultern; Kinn ein wenig an ersteren herangezogen, ohne den Kopf sinken zu lassen. Blick frei gradeaus.

„**Rührt Euch!**"
giebt Erlaubniß sich auszuruhen oder zu rühren.

[§ 5.] Wendungen werden auf „**Rechts (Links) — um!**" bezw. „**Front!**" im rechten, auf „**Halbrechts (Halblinks) — um!**" bezw. „**Front!**" im halben rechten Winkel, auf „**Eskadron — Kehrt!**" bezw. „**Eskadron — Front!**" durch eine Linksdrehung nach der dem Gesichte entgegengesetzten Seite ausgeführt. Linke Absatz bleibt stehen, linke Fußspitze wird etwas gehoben, rechte Fuß verläßt den Boden und wird nach der Wendung ruhig beigesetzt. Kehrtwendung auf dem Absatze des linken, Ballen des rechten Fußes.

[§ 6.] Marsch ohne Seitengewehr.

Ungezwungene, grade Haltung (vgl. [§ 4]). Auf „**Vorwärts — Marsch!**" wird der linke Fuß einen Schritt vorwärts gebracht, beim Niedersetzen spannt sich das Knie, die Fußspitze wird ein wenig nach unten und außen gebogen, der Oberleib vorgenommen, der Fuß flach und sachte niedergesetzt; der Körper ruht auf dem stehenden Fuße. Dann verläßt der rechte Fuß den Boden, die Spitze streicht dicht am linken vorbei, ohne die Erde zu berühren; der Oberkörper folgt dem vorschreitenden Fuße.

„**Kurz getreten!**": Verkürzen der Schrittweite; „**Frei — weg!**": Wiederannahme der gewöhnlichen Schrittweite.

Auf „**Eskadron — Halt!**" steht Alles sogleich still; auf „**H—a—l—t!**" hält beim Reihenmarsch [§ 26] oder in der Kolonne zu Dreien [§ 27] die Tete sofort, alle Nachfolgenden wenn sie den zum Frontmachen bezw. Einschwenken nöthigen Abstand haben.

Auf „**Rührt Euch!**" (aufgehoben durch „**Nicht Euch!**") ungezwungene Haltung, die Arme dürfen leicht bewegt werden.

[§ 7.] Schließen (auf wenige Schritte).

Auf „**Rechts (Links) schließt Euch — Marsch!**" wenden sich Köpfe und Augen rechts (links), der rechte (linke) Fuß wird mit steifem Knie einen halben Schritt weit auf die Grundlinie abgesetzt; der andere so schnell herangezogen, daß die Bewegungen beider Füße im Zeitmaß von 112 Schritt in der Minute geschehen; Leib und Schultern bleiben grade. — Auf „**Halt!**" zur Beendigung werden die Köpfe gradeaus genommen.

[§ 8.] Rückwärtsrichten (auf wenige Schritte).

„**Rückwärts richt Euch — Marsch!**": Antreten mit dem linken Fuße; 112 Schritt in der Minute; halb so lang wie in [§ 3] angegeben.

„**Halt!**": Ruhiges Heranziehen des vor- an den rückwärtsstehenden Fuß.

[§ 9.] Stellung und Marsch mit dem Seitengewehr.

Beim Antreten mit eingestecktem Seitengewehr umfaßt die linke Hand die Scheide zwischen den Ringen, die beiden ersten Finger vor, den letzten und den Daumen hinter der Scheide; linker Arm ausgestreckt.

Beim Stillstehen wird die Degenschleppe auf den Boden gesetzt, die des Säbels, wie auch die Degenschleppe bei allen Bewegungen, eine halbe Handbreit erhoben. Scheide flach und senkrecht an der Lende, über welche das Gefäß, von der Seite gesehen, nicht vorstehen darf.

Beim Marsche wird das Seitengewehr in dieser Weise getragen; auf „**Rührt — Euch!**" (aufgehoben durch „**Richt Euch!**") wird die Scheide mit der ganzen Hand umfaßt und wagerecht getragen.

[§ 10.] Griffe.

[1.] Nur Arme und Hände bewegen.

Die Tempos (a, b) folgen sich in der Marschgeschwindigkeit. Einüben nach Zählen der Tempos. Zum Rühren wird das aufgenommene Gewehr zuvor „über genommen".

[2.] „**Eskadron Gewehr — auf!**"

a. Gefäß mittelst des linken Handgelenks, ohne den Arm zu bewegen, so weit nach vorn heruntergedrückt, daß die Schleppe $1/3$ m von der Erde in die Höhe geht; rechte Hand erfaßt den Griff, bringt die Klinge flach und senkrecht so vor den Leib, daß der Gefäßknopf mit dem untersten Montirungsknopfe oder unterem Rande der Koppelschnalle abschneidet; Unterarm an die Hüfte, Faustgelenk mäßig auswärts gedreht, Gefäß vier Finger breit vom Leibe; Scheide in die frühere Lage. — b. Klinge mit losem Ellenbogen- und Handgelenke auf kürzestem Wege an die rechte Seite heruntergezogen, beide letzten Finger hinter das Gefäß. Rechte Arm, mäßig gekrümmt, ohne den Ellenbogen auswärts zu drehen; Gefäßbügel schneidet mit der vorderen Fläche der Lende ab, Rücken der Klinge ruht am Schulterknochen (Aermelnaht), Schneide scharf nach vorn, Gefäß an der Lende.

[3.] „**Eskadron Gewehr — ein!**"

a. Klinge auf dem kürzesten Wege in die Lage von [2.] a. — b. Rechte Hand steigt senkrecht bis zur Mitte der Brust, wirft die Klinge über linke Schulter, Rücken am Oberarm entlang gleitend, in die Scheide, deren Schleppe $1/3$ m vom Boden erhoben wird, und deren Mündung der Mann durch flüchtigen Blick sucht, steckt sie bis Daumenbreit vor der Parirstange (Stichblatt) ein und giebt ihr einen kurzen Abstoß; Hand ohne Verzug an die rechte Seite.

[4.] „**Präsentirt das — Gewehr!**" Nur bei angefaßtem Gewehre.

a. Wie [2.] a. — b. Seitengewehr mit gradem Arme so vorgebracht, daß es senkrecht, Rücken der Klinge nach dem Leibe, grade vor der rechten Schulter steht; Gefäßknopf in Höhe des untersten Randes der Koppelschnalle oder untersten Montirungsknopfes. Beim Seitwärtspräsentiren von Schildwachen wird der Arm, statt vor-, rechts seitwärts gestreckt; Klinge senkrecht in einer Linie mit den Schultern, Gefäßknopf in Höhe des Hüftknochens.

[5.] „**Gewehr auf — Schulter!**"

a. Wie [4.] a. — b. Wie [2.] b.

[6.] „**Das Gewehr — über!**"

Rechte Hand bringt Gefäß so vor den Leib, daß Parirstange (Stichblatt) vier Finger breit unter unterstem Montirungsknopfe oder unterem Rande der Koppelschnalle steht; Unterarm an Hüfte gelehnt, Rücken der Klinge berührt rechte Schulter, liegt flach an der Brust.

[7.] „**Faßt das Gewehr — an!**"

Das Seitengewehr wird rasch in die Lage gebracht, welche es vor „das Gewehr — über!" hatte.

[§ 11.] Ausbildung im Trupp.

Erfolgt, wenn die Einzeln-Ausbildung beendet ist, nach den im folgenden Abschnitt aufgestellten Grundsätzen und Kommandos. — Wo dort das Vortreten von Offizieren vorgeschrieben ist, treten die Flügel-Unteroffiziere bezw. die Flügelleute des Gliedes vor. — Bei Vorstellungen hat der Kommandirende seinen Platz 20 Schritt vor der Mitte; die Flügel sind mit Unteroffizieren besetzt, welche bei Wendungen und Reihenmarsch auf ihren Plätzen bleiben; hinter der Mitte schließt ein Unteroffizier.

[Dritter Abschnitt.]

Die Eskadron zu Fuß.

[Erstes Kapitel.]

Aufstellung, Eintheilung, Richtung, Fühlung, Griffe.

[§ 12.] **Aufstellung in Linie.**

Zwei Glieder. Abstand des 2. (Brust) vom 1. (Rücken) 1 Schritt. Vorder- und Hintermann, welche einander decken, bilden „eine Rotte". Die Glieder behalten ihre Bezeichnung als „1.", „2." unter allen Umständen. Rangirung in jedem Gliede vom rechten zum linken Flügel nach der Größe. Richtung und Fühlung nach [§ 15]. Bei ungrader Mannschaftszahl fehlt ein Mann auf dem linken Flügel des 2. Gliedes („blinde Rotte").

[§ 13.] **Eintheilung in Züge und Abmärsche.**

Zwei möglichst gleiche Abtheilungen („Züge") vom rechten Flügel aus bleibend als 1., 2. bezeichnet; bei ungleicher Rottenzahl ist der 1. um eine Rotte stärker als der 2. Jeder Zug wird vom rechten Flügel in „Abmärsche" von je 3 Rotten getheilt; bleibt eine Rotte übrig, so bilden den letzten Abmarsch 4; bleiben zwei übrig, so erhält der erste 2 und es tritt der rechte Flügel-Unteroffizier [§ 14, 3] hinzu.

[§ 14.] **Eintheilung der Offiziere, Unteroffiziere und Trompeter.**

[1.] Eskadronchef 20 Schritt vor der Mitte der Linie.

[2.] Nächstältester Offizier auf dem rechten Flügel des 2., zweiter auf dem rechten des 1. Zuges, beide als Zugführer; jüngster auf dem linken des 2. Zuges. Ein etwa noch vorhandener schließt hinter der Mitte der Eskadron, 2 Schritt hinter den Unteroffizieren [§ 14, 5]; weitere schließende werden vertheilt.

[3.] Hinter den Zugführern stehen „rechte Flügel-Unteroffiziere", welche deren Plätze einnehmen, wenn jene dieselben verlassen.

[4.] 2 Schritt vom 2. Gliede steht hinter der 2. Rotte vom linken Flügel jedes Zuges ein „linker Flügel-Unteroffizier".

[5.] Uebrige Unteroffiziere gleichmäßig vertheilt; 2 Schritt vom 2. Gliede; Wachtmeister hinter der 2. Rotte vom rechten Flügel des 1., Portepeefähnrich oder Vize-Wachtmeister hinter der 2. vom rechten des 2. Zuges.

[6.] Trompeter 4 Schritt vom rechten Flügel-Unteroffizier, in einem Gliede, mit dem 2. gerichtet.

[§ 15.] Richtung, Fühlung, Einrichten.

[1.] Richtung.

Absätze, Schultern und Brust sämmtlicher Leute in derselben Richtungslinie. Ist die Richtung gut, so kann der Mann bei geringer Kopfdrehung mit dem Auge, welches dem Richtungsflügel zunächst ist, seinen Nebenmann, mit dem anderen die ganze Linie schimmern sehen. Sie ist, wenn nicht „Augen — links!" (aufzuheben durch) „Augen — rechts!") kommandirt ist, immer rechts, jedoch während der Schwenkungen nach dem schwenkenden (äußeren) Flügel;

während des Marsches halbseitwärts nach der Marschrichtung;

während des Reihenmarsches und in der Kolonne zu Dreien nach der Seite, auf welcher sich die Zugführer befinden;

während des Schließens nach der Seite, nach welcher geschlossen wird;

während der Aufmärsche nach dem stehenden Flügel.

Das Kommando lautet: „Richt Euch!", wenn auf der Stelle gerichtet, „Richt — Euch!", wenn ein Vorrücken damit verbunden werden soll.

[2.] Fühlung.

Die Fühlung, d. h. das Fühlen des Nebenmannes am Ellenbogen ohne ihn zu drücken, ist dahin wohin die Richtung ist, nur beim Schwenken ist sie nach dem am Drehpunkte befindlichen (inneren) Flügel.

[3.] Einrichten.

Auf „Points vor!" bezw. „Points drei 2c. Schritt vor!" treten die betreffenden Offiziere und Unteroffiziere (bei der Eskadron in Linie die Zugführer und der linke Flügeloffizier) 1, bezw. 3 2c. Schritte vor oder in die etwa anderweitig, z. B. durch nebenstehende Truppen, bezeichnete Richtungslinie. Stehen sie, so erfolgt „Richt — Euch!"

[§ 16.] Griffe. (Ausführung nach [§ 10.])

Unteroffiziere präsentiren nicht, sondern behalten das Gewehr geschultert.

Auf das Avertissement „Griffe" machen Offiziere und Unteroffiziere dieselben nicht mit. Der Eskadronchef nimmt das Gewehr auf, bevor er das betreffende Kommando giebt.

[§ 17.] Salutiren.

Auf „Achtung! — Präsentirt das Gewehr!" salutiren die Offiziere gleichzeitig mit den Griffen der Mannschaft in zwei Tempos: a. wie [§ 10, 4]; b. Senken der Klingenspitze bis auf einen Daumen breit vom Boden flach zur Erde, rechte Arm ausgestreckt, an der Lende herabhängend, Schneide nach inwendig. — Auf „Achtung! — Gewehr auf — Schulter!" werden diese Bewegungen in zwei Tempos zurückgemacht.

[Zweites Kapitel.]

Bewegungen der Eskadron.

[A.] Wendungen auf der Stelle, Schließen, Rückwärtsrichten.

[§ 18.] Wendungen auf der Stelle. (Ausführung nach [§ 5].)

Auf das Avertissement „Wendungen" machen Zugführer und linker Flügeloffizier diese auf ihren Plätzen mit.

[§ 19.] **Schließen.** (Ausführung nach [§ 7].)

Auf „**Eskadron — rechts (links) schließt Euch!**" treten als Points die Zugführer dicht vor ihre rechten Flügelleute, der linke Flügeloffizier vor den linken Flügelmann der Eskadron; der Punkt, bis wohin geschlossen werden soll, wird, wenn er nicht durch eine Nebenabtheilung bestimmt ist, durch einen schließenden Unteroffizier des betreffenden Flügels, bezw. den Wachtmeister, bezeichnet, welcher in die Linie der Zugführer ꝛc. tritt. Das Schließen geschieht auf „**Marsch!**" hinter den Points her. Ihr Wegtreten wird durch „**Eingetreten!**" befohlen.

[§ 20.] **Rückwärtsrichten.** (Ausführung nach [§ 8].)

„**Eskadron — rückwärts richt Euch — Marsch!**"

Auf „**Halt!**" treten die Points [§ 15, 3] einen Schritt vor, bezw. in die Richtungslinie; auf „**Richt — Euch!**" rückt die Eskadron ein.

[B.] Bewegungen der Linie.

[§ 21.] **Marsch in Linie vorwärts.**

„**Eskadron vorwärts — Marsch!**"

„**Eskadron — Halt!**"

Der Offizier oder Unteroffizier auf dem Richtungsflügel giebt die Marschrichtung an. Er bestimmt seine Marschlinie durch zwei oder mehrere vor ihm liegende Punkte. Dem Druck vom Richtungsflügel wird nachgegeben, dem entgegengesetzten widerstanden. Alle Fehler werden allmälig verbessert.

[§ 22.] **Marsch in Linie halbseitwärts.**

„**Eskadron — halbrechts (halblinks) — Marsch!**"

„**Eskadron — Gradeaus!**"

Die Marschrichtungslinie bildet mit der Grundlinie einen halben rechten Winkel. Die zurückseiende Schulter eines jeden Mannes befindet sich hinter der vorseienden seines betreffenden Nebenmannes.

[§ 23.] **Marsch in Linie rückwärts.** (Ausführung nach [§ 21].)

„**Eskadron — Kehrt!**"

„**Eskadron vorwärts — Marsch!**"

„**Eskadron — Halt!**"

Offiziere, Unteroffiziere und Trompeter bleiben auf ihren Plätzen.

[C.] Uebergang aus der Linie in die Kolonne.

[§ 24.] **Aus der Linie in Reihen.** (Ausführung nach [§ 18].)

„**Rechts (Links) — um!**"

Die Zugführer treten in die linke bezw. rechte Seite des rechten bezw. linken Flügelmannes vom 1. Gliede ihrer Züge, der linke Flügeloffizier an die rechte bezw. linke Seite der linken Flügelrotte; schließende Offiziere, Unteroffiziere und Trompeter bleiben auf ihren Plätzen, Eskadronchef 20 Schritt seitwärts der Kolonne.

[§ 25.] **Aus der Linie in die Kolonne zu Dreien.**

„**Eskadron — zu Dreien rechts (links) schwenkt — Marsch!**"

„**Halt!**" oder „**Gradeaus!**"

Das 2. Glied bleibt überall hinter dem 1.; die Zugführer treten beim Rechtsabschwenken an die linke, beim Linksabschwenken an die rechte Seite 1. Gliedes ihrer Tetenabmärsche; linke Flügeloffizier an die rechte bezw. linke Seite 1. Gliedes des letzten Abmarsches des zweiten Zuges; schließende Offiziere bleiben auf ihren Plätzen. Die rechten Flügel=Unteroffiziere setzen sich in das Glied der ersten Abmärsche, die linken und die schließenden bleiben auf der Seite, wo sie sich befanden, neben dem 1. Gliede der betreffenden Abmärsche, die Trompeter vor bezw. hinter der Eskadron; der Eskadronchef 20 Schritt seitwärts der Kolonne.

[D.] **Bewegungen in der Kolonne.**

[§ 26.] Reihenmarsch. (Vergl. [§ 15, 1, 2].)

„Vorwärts — Marsch!"

Alles tritt an. Da der Sporen wegen nur die Tete austreten kann, so thun dies die übrigen erst, wenn sie einen Schritt Abstand haben.

„Eskadron — Halt!" bezw. „H—a—l—t!", wenn nach dem Halten die Linie durch die Wendung hergestellt werden soll.

[§ 27.] Marsch in der Kolonne zu Dreien. (Vergl. [§ 15, 1, 2] und [§ 26].)

„Vorwärts — Marsch!"

„Eskadron — Halt!" bezw. „H—a—l—t!"

[§ 28.] Hakenschwenkungen in Reihen und in der Kolonne zu Dreien.

„Tete rechts (links) schwenkt — Marsch!"

Alles schwenkt an der Stelle, wo die Tete geschwenkt hat.

„Gradeaus!"

[§ 29.] Marsch halbseitwärts. Ausführung und Kommandos nach [§ 22].

[E.] **Uebergang aus der Kolonne in die Linie.**

[§ 30.] Offiziere, Unteroffiziere und Trompeter nehmen ohne Weiteres ihre Plätze [§ 14] wieder ein.

[§ 31.] Aus Reihen in die Linie.

[1.] Durch die Wendung.

„H—a—l—t!" (nach [§ 26]).

„Front!"

[2.] Durch Aufmarsch.

„Eskadron — links (rechts) marschirt auf — Marsch!" und wenn die Eskadron in der Bewegung war „Tete Halt!"

Der Flügelmann des 2. Gliedes setzt sich auf „Marsch!" oder „Halt!" hinter den des 1., die übrigen Rotten ziehen sich mit Halblinks (Halbrechts) seitwärts heraus und nehmen Fühlung und Richtung nach dem stehenden Flügel.

[§ 32.] **Aus der Kolonne zu Dreien in die Linie.**
[1.] Durch Einschwenken.
Ist die Kolonne im Marsche, so erfolgt vorher „H—a—l—t!"
„Eskadron — zu Dreien links (rechts) schwenkt — Marsch!"
„Halt!"
Ausführung nach [§ 25].
[2.] Durch Aufmarsch.
Kommandos und Ausführung nach [§ 31, 2], jedoch rückt der Tetenabmarsch aus dem Halten um seine Breite vor und hält dann.

[Drittes Kapitel.]

Bewegungen der Eskadron, welche nur für Paradezwecke bestimmt sind.

[A.] **Uebergang aus der Linie in die Kolonne.**

[§ 33.] Aus der Linie in die geöffnete Kolonne in Zügen.
„Eskadron — mit Zügen rechts (links) schwenkt — Marsch!"
„Halt!" oder „Gradeaus!"
Der innere Flügelmann wendet sich auf der Stelle, der äußere behält Marschgeschwindigkeit und Schrittweite bei.
Beim Abschwenken setzen sich die Zugführer 2 Schritt vor die Mitte des 1. Gliedes ihrer Züge; der linke Flügeloffizier schließt, wenn kein anderer Offizier hinter dem 2. Zuge ist, hinter der Mitte desselben. Ist ein schließender Offizier vorhanden, so schließt dieser hinter der Mitte des 1., ein zweiter hinter der 2. Rotte vom rechten, der linke Flügeloffizier in diesem Falle hinter der 2. vom linken Flügel des 2. Zuges. Die Flügel-Unteroffiziere setzen sich auf die linken Flügel der 1. Glieder, die Trompeter beim Rechtsabschwenken vor, beim Linksabschwenken hinter die Mitte des 1. Zuges; vier Schritt vom zugführenden bezw. schließenden Offizier oder den schließenden Unteroffizieren. Der Eskadronchef bleibt 20 Schritt seitwärts der Kolonne.

[§ 34.] Aus der Linie in die geschlossene Kolonne in Zügen.
„Eskadron — rechts in Kolonne in Zügen — rechts — um!"
Der 1. Zug und die Trompeter bleiben stehen, der 2. macht die Wendung.
„Vorwärts — Marsch!"
Der Führer dirigirt die Tete und kommandirt, sobald er auf den rechten Flügelmann des 1. Zuges Vordermann genommen hat, „H—a—l—t!" „Front!" Die Schließenden des 2. Zuges treten auf einen Schritt an denselben heran, die Trompeter bleiben auf das 2. Glied des Tetenzuges gerichtet. Abstand vom 2. Gliede des vorderen zum 1. des hinteren Zuges 3 Schritt.

[B.] Uebergang aus einer Kolonne in die andere.

[§ 35.] Aus Reihen in die geöffnete Kolonne in Zügen.
„**Eskadron — in Züge links (rechts) marschirt auf — Marsch!**" und aus der Bewegung „**Teten Halt!**"
Die Züge marschiren nach [§ 31, 2] in sich auf, die Führer begeben sich vor die Mitten. Dann kommandirt der Eskadronchef „**Aufrücken!**", der hintere Zugführer „**Vorwärts — Marsch!**" und letzterer, wenn er den Abstand zum Einschwenken („Zug=Abstand") erreicht hat, „**Halt!**"

[§ 36.] Aus der Kolonne zu Dreien in die geöffnete Kolonne in Zügen.
Kommandos und Ausführung nach [§ 35].

[§ 37.] Aus der geöffneten in die geschlossene Kolonne in Zügen.
[1.] Aus dem Halten.
„**Aufgeschlossen!**"
Führer des hinteren Zuges: „**Vorwärts — Marsch!**" und auf drei Schritt Abstand vom vorderen „**Halt!**"

[2.] Aus der Bewegung.
„**Aufgeschlossen!**"
Zugführer: „**Halt!**" und zwar der vordere sofort, der hintere, wenn er den Abstand von 3 Schritt erreicht hat.
Plätze der Zugführer in [1.] und [2.] nach Anleitung von [§ 34].

[§ 38.] Aus der geschlossenen in die geöffnete Kolonne in Zügen. (Nur aus dem Halten.)
„**Distance genommen!**"
Zugführer: „**Vorwärts — Marsch!**" und zwar der vordere sofort, der hintere, wenn er den Zug= [§ 35] bezw. Parade=Zugabstand [§ 207] gewonnen hat.

[C.] Bewegungen in der Kolonne.

[§ 39.] Marsch in der geöffneten Kolonne in Zügen.
„**Vorwärts — Marsch!**"
„**Eskadron — Halt!**"

[§ 40.] Marsch in der geschlossenen Kolonne in Zügen.
Kommandos wie [§ 39].

[§ 41.] Hakenschwenkungen in der geöffneten Kolonne in Zügen.
„**Tete rechts (links) schwenken!**"
Vorderster Zugführer: „**Rechts (links) schwenkt — Marsch!**" und „**Gradeaus!**"
Der äußere Flügel schwenkt, der innere bewegt sich in verkürztem Schritt, der Drehpunkt wird gänzlich frei.

Folgender Zugführer auf derselben Stelle: „**Schwenkt — Marsch!**"
und „**Gradeaus!**"

[§ 42.] Schwenkung der geschlossenen Kolonne in Zügen.

„**Eskadron — in Kolonne rechts (links) schwenkt — Marsch!**"

Der Tetenzug verfährt nach [§ 41], der hinterseiende führt eine aus Schwenken und Halbseitwärtsmarschiren zusammengesetzte Bewegung aus. Die Zugführer geben kein Kommando. — Auf das „Gradeaus!" des Eskadronchefs wird das Schwenken des Tetenzuges sofort beendet, das des hinterseienden, wenn er die neue Marschrichtung vollständig gewonnen hat.

[D.] **Uebergang aus der Kolonne in die Linie.**

[1.] Durch Einschwenken.
Kommandos und Ausführung nach [§ 33].

[2.] Durch Aufmarsch.

„**Eskadron — links (rechts) marschirt auf — Marsch!**"

Führer des vorderen Zuges: „**Gradeaus!**"; nachdem der Zug um seine Breite vorgegangen ist: „**Halt!**" und beim Rechtsaufmarsch: „**Augen — links!**"

Führer des hinteren Zuges: „**Halblinks (Halbrechts) — Marsch!**"; wenn die Front frei ist: „**Gradeaus!**" und beim Rechtsaufmarsch: „**Augen — links!**"; am zweiten Gliede des stehenden Zuges „**Halt! Richt — Euch!**"

Nach dem Aufmarsch rechts kommandirt der Eskadronchef: „**Augen — rechts!**"

[Vierter Abschnitt.]

Das Regiment zu Fuß.

[Erstes Kapitel.]

Allgemeine Bestimmungen, Aufstellung, Einrichten, Griffe mit der Standarte.

[§ 44.] Allgemeine Bestimmungen.

Die Bestimmungen des [Dritten Abschnittes] finden auf das Regiment entsprechende Anwendung. Der Kommandeur wendet das Avertissement „Regiment" an. Die Eskadronchefs kommandiren nicht nach.

[§ 45.] Aufstellung.

Eskadrons vom rechten Flügel ab nach der Nummer ohne Zwischenräume neben einander; Standarte zwischen der 2. und 3. im 1. Gliede. Aufstellung der Eskadrons nach [§§ 12, 13, 14]. Der Eskadronchef führt den 1. Zug, nur die linke Flügeleskadron hat einen Flügeloffizier.

[§ 46.] Einrichten. Nach Anleitung von [§ 15].

Auf „**Points vor!**" treten die beiden Flügeloffiziere des Regiments und der Standartenträger vor. — Auf „**Vorwärts!**" treten sämmtliche Zugführer in die Richtungslinie; die, welche rechts von der Standarte stehen, richten sich links, die anderen rechts. — Auf „Richt Euch!" rückt das Regiment in die Linie.

[§ 47.] Griffe mit der Standarte.

Tragen: Mit ausgestrecktem rechten Arme, an die rechte Schulter gelehnt, möglichst senkrecht, Seitengewehr im Haken, bei „Gewehr über!" über die rechte Schulter gelegt; auf „Rührt Euch!" auf den Boden gesetzt; auf „Stillgestanden!" senkrecht.

Salutiren: a. Umfassen mit der rechten Hand in Schulterhöhe. b. Senken mit der Spitze vorwärts in horizontaler Richtung.

Schultern: in denselben Tempos.

[Zweites Kapitel.]

Bewegungen des Regiments, welche nur für Paradezwecke zu üben sind.

[§ 48.] Uebergang aus der Linie in die Kolonne in Eskadrons.

Kommandos und Ausführung nach Anleitung von [§ 34].

Abstand vom 2. Gliede der vorderen bis zum 1. der hinteren Eskadron 5 Schritt. Bei allen Eskadrons linke Flügeloffiziere. Standarte rechts neben dem Chef der 3. Eskadron.

[Zweiter Theil.]
Ausbildung zu Pferde und Gebrauch der Kavallerie.

[Erster Abschnitt.]
Allgemeine Grundsätze.

[§ 51.] Anwendung einiger Bezeichnungen.

[A.] Im Allgemeinen.

[1.] Eskadrons und Regimenter befinden sich in der „Normalformation", wenn die Züge, bezw. Eskadrons und Züge, die Reihenfolge nach ihrer Nummer vom rechten zum linken Flügel inne haben.

[2.] In der Normalformation heißen Kolonnen „rechts" oder „links abmarschirt", je nachdem die betreffende Flügelabtheilung an der Tete ist.

[3.] „Frontseite": diejenige Seite einer Truppe, auf welcher sich deren Führer befindet; „Frontwechsel": die Veränderung der Frontseite.

[4.] Ueber die Bezeichnung „rechte" und „linke Flanke" entscheidet die Richtung nach dem Feinde; sie wechselt z. B. beim Zurückgehen.

[5.] „Nach der Flanke" und „nach der halben Flanke" bezeichnen das Verhältniß zur Frontseite im rechten, bezw. halben rechten Winkel.

[6.] „Innerer Flügel": der an andere Truppen angelehnte; „äußerer": der entgegengesetzte; bei Schwenkungen ist letzterer der schwenkende, ersterer der dem Drehpunkte nächste; in der Halbkolonne heißt die Seite, nach welcher die hinteren Abtheilungen übertragen, die „innere", die entgegengesetzte die „äußere"; bei den Marschkolonnen ist die der Aufmarschseite entgegengesetzte die „äußere".

[B.] Im Treffenverhältniß.

[1.] Flankenangriff: Attacke in eine Flanke des Feindes.

[2.] Flankendeckung: Sicherung eines engagirten Treffens gegen einen Flankenangriff des Feindes.

[3.] Aufnehmen: einen weichenden Truppentheil, welcher sich nicht im Handgemenge befindet, aus seiner gefährdeten Lage befreien.

[4.] Degagiren: einen geworfenen, weichenden Truppentheil durch eine Attacke auf den Feind von der Verfolgung befreien.

[§ 52.] Fühlung und Richtung.

Bei Paraden s. [Vierter Theil].

[1.] Fühlung: Bügel an Bügel, in Linie und in den Kolonnen von Zugs= und Eskadronsbreite nach der Mitte (Eskadron in Linie nach dem Mittelreiter des Richtungszuges), in schmaleren nach der Seite der Zugführer; Richtung ebendahin. Ausnahmen: Schwenkungen [§ 58, 3], Wendungen [§ 76], Marsch halbseitwärts [§ 81, 2].

[2.] Fühlung und Richtung: beim einzelnen Zuge nach der hinter dem Zugführer reitenden Rotte (bei grader Rottenzahl nach der rechten der beiden mittleren), bei der einzelnen Schwadron nach der Mitte des Richtungszuges. Dies ist der vom rechten Flügel aus an dritter Stelle befindliche, sofern nicht ein anderer bestimmt wird. — In größeren Verbänden giebt eine Richtungseskadron Direktion und Tempo an; alle nebenstehenden behalten in sich Fühlung und Richtung.

[§ 53.] Abstände und Zwischenräume.

Bei Paraden s. [Vierter Theil].

[1.] Abstände (Distancen) heißen die Entfernungen in die Tiefe, Gliederabstand derjenige, welchen die Glieder eines Zuges ꝛc. von einander und die schließenden Unteroffiziere vom 2. Gliede zu nehmen haben; derselbe wird vom Schweife des vorderen zum Kopfe des nachfolgenden Pferdes bemessen. Er beträgt: in der Kolonne 1, in der Aufstellung in Linie und für alle Frontalbewegungen 2, bei den Ulanen 3 Schritt.

[2.] Die Abstände der Abtheilungen vom Zuge aufwärts in den Kolonnen werden zwischen den Pferdeköpfen der ersten Glieder gemessen.

[3.] Die seitlichen Entfernungen, „Zwischenräume" („Intervallen"), werden von Bügel zu Bügel gemessen.

[§ 55.] Signale.

Vom Befehlshaber jeder selbstständigen Truppe anzuwenden und ohne weiteres Kommando auszuführen: Schritt! — Trab! — Galopp! — Marsch! Marsch! — Halt! — Front! — Verfolgung! (Marsch! Marsch!) — Appell! — Regimentsruf! — Gewehr auf! (Lanzen auf die Lende!) — Gewehr ein! (Lanzen an Arm!) — Feuern! — Stopfen!

Vom Befehlshaber jeder selbstständigen Truppe anzuwenden, aber wie alle übrigen Signale, erst auf Kommando auszuführen: Aufsitzen! — Absitzen! Aufsitzen! (beim Gefecht zu Fuß).

Zum Sammeln dient „Divisionsruf", auszuführen auf „Regimentsruf".

Auf „Front" wird stets nach derjenigen Seite eingeschwenkt, auf welcher sich der Führer befindet.

[§ 56.] Tempo.

In einer Minute werden durchritten im Schritt 125, im Trabe 300, im Galopp 500 Schritt zu 0,80 m.

[§ 57.] Aufmärsche, Abbrechen, Deployements, Uebergänge aus einer Kolonne in die andere.

[3.] Die Aufmärsche zur Herstellung der Eskadronsfronten, sowie aus den nach der Front formirten Eskadronskolonnen, erfolgen links oder rechts, alle übrigen Aufmärsche aus der Tiefe des Regiments nach beiden Seiten oder rechts oder links. Nach beiden Seiten: marschiren die der Tetenesskadron zunächst folgenden beiden Eskadrons rechts, die übrigen links, bei drei Eskadrons die erste rechts, die anderen links auf.

[4.] Auf Signal wird aus der Eskadronstiefe links, aus der Regimentstiefe nach beiden Seiten aufmarschirt. Ausnahmen:
a. aus den Marschkolonnen in die Zugkolonne marschiren rechts abmarschirte Züge links, links abmarschirte rechts auf;
b. aus der Halbkolonne wird nach der inneren,
c. aus der Halbkolonne in Teten [§ 108, 3a] nach der Seite der Richtungseskadron aufmarschirt.

[5.] Bei den Aufmärschen aus der Bewegung zur Herstellung der Zugkolonne und der Eskadronsfronten, sowie aus den nach der Front formirten Eskadronskolonnen behält die Tete ihre Gangart bei, wenn der Aufmarsch in die nächst stärkeren, sie fällt in die nächst kürzere, wenn derselbe in unveränderter Gangart erfolgt. Bei den Aufmärschen aus nach der Flanke abgeschwenkten Eskadronskolonnen und aus der Halbkolonne in Eskadrons fällt die Tete aus dem Trabe oder Galopp in den Schritt, nachdem sie um ihre Breite vorgerückt ist, falls ihr nicht befohlen wird, die Gangart beizubehalten oder zu halten.

Beim Aufmarsche aus dem Galopp auf „Stärker!" nehmen die Aufmarschirenden auf „Kürzer!" das Tempo der Tete wieder an.

Bei gleichzeitigem Aufmarsch aus dem Halten geht die Tete um ihre Breite in der befohlenen Gangart vor und hält dann.

[6.] Aufmärsche werden in der Regel aus dem Halten und dem Schritt im Trabe; aus dem Trabe im Galopp; aus dem Galopp in unveränderter Gangart oder in verstärktem Tempo; aus einer Marschkolonne in die andere jedoch in keiner stärkeren Gangart als im Trabe ausgeführt.

Auf Signal wird aufmarschirt zur Herstellung der Eskadronsfronten, so wie aus nach der Front formirten Eskadronskolonnen: aus dem Halten im Trabe; aus der Bewegung in nächst stärkerer Gangart bezw. verstärktem Galopp. Im Uebrigen zur Herstellung der Linie aus der Regimentstiefe: aus dem Halten im Trabe; aus der Bewegung in nächst stärkerer Gangart bezw. unverändertem Galopp.

[7.] Deployements aus der nach der Flanke abgeschwenkten Regimentskolonne: nach Anleitung von [3.]. Auf Signal: nach beiden Seiten; Gangarten wie bei den Aufmärschen aus der Tiefe des Regiments. Dabei hält die Tete, bezw. fällt sie in den Schritt, je nachdem das Deployement aus dem Halten oder aus der Bewegung geschieht, und zwar sobald sie zur neuen Front eingeschwenkt ist, bezw. bei den deployirenden Eskadrons die Kommandos zum Abschwenken ertheilt sind. Wird die Tete aus der Bewegung zum Beibehalten der Gangart oder zum Halten avertirt, so richten sich die deployirenden Eskadrons darnach.

[8.] Auf Signal wird rechts abgebrochen, ausgenommen bei der nach der halben Flanke abgeschwenkten Regimentskolonne, aus welcher die Richtungseskadron zuerst abbricht. Aus der Linie: in der Regel aus dem Halten oder aus dem Schritt im Trabe; aus dem Trabe in unveränderter oder nächst stärkerer Gangart; aus dem Galopp in unverändertem Tempo; ebenso auf Signal. Ausnahmen [§ 130, 1, 2].

Abbrechen im Zurückgehen: in der Regel in keiner stärkeren Gangart als im Trabe. Geschieht es aus der Bewegung im Trabe auf Signal, so muß diesem das Signal zur beizubehaltenden Gangart unmittelbar folgen.

Abbrechen aus einer Marschkolonne in eine andere: in der Regel in keiner stärkeren Gangart als im Trabe.

[9.] Die Uebergänge aus den Marschkolonnen und aus der Zugkolonne zu den Eskadronskolonnen und zur Regimentskolonne durch Tetenvorziehen geschehen nach beiden Seiten (vergl. [3.]) oder links oder rechts; auf Signal nach beiden Seiten.

[§ 58.] Schwenkungen.

[1.] Achtel-, Viertel-, Dreiachtel- und Kehrt-Schwenkungen: je nachdem der schwenkende Flügel den entsprechenden Theil, bezw. die Hälfte eines Kreisbogens beschreibt.

[2.] "Hakenschwenkungen" werden von allen Theilen einer Kolonne nach und nach an derselben Stelle ausgeführt.

[3.] Bei allen Schwenkungen ist die Fühlung nach dem inneren, die Richtung nach dem äußeren Flügel. Der innere Flügelmann-Unteroffizier richtet sich dabei nicht nach dem äußeren Flügel.

[4.] Mit beweglichem Drehpunkte, wobei der innere Flügel einen Kreisbogen beschreibt, werden ausgeführt: die Hakenschwenkungen, die der Linie und die der Regimentskolonne; mit festem Drehpunkte, wobei der innere Flügel seinen Punkt festhält: alle übrigen Schwenkungen.

[5.] Schwenkungen der Linie von der Stelle und aus dem Schritt: im Trabe, sonst in der Regel in unveränderter Gangart.

Ab-, Ein- und Kehrtschwenken mit Zügen von der Stelle und aus dem Schritt: im Trabe, aus dem Trabe in unveränderter Gangart.

[6.] Nach Beendigung der Wendungen, des Ab-, Ein- und Kehrt-Schwenkens mit Zügen bezw. Abmärschen wird in der Gangart, in welcher Wendung und Schwenkung ausgeführt wurden, weiter geritten.

Für das Verhalten der Zugführer und der Flügel-Unteroffiziere im Allgemeinen geben die „Instruktionen des Generalmajor v. Schmidt", 2. Aufl. Berlin 1885, nachstehende Verhaltungsregeln:

Hauptanforderungen, welche an die Zugführer und die Flügel-Unteroffiziere zu stellen sind.

a. Die Zugführer dürfen niemals für ihre eigene Person früher etwas ausführen, ehe sie nicht das betreffende Ausführungskommando gegeben haben, denn sie verleiten ihren Zug zu einer vorzeitigen Ausführung, wie beim Hakenschwenken, beim Aufmarsch 2c. Bei letzterem muß der Zugführer, wenn derselbe aus dem Stehen aufgeführt wird, mit seinem Zuge zusammen einen Moment pariren, dann erst in die Richtung gehen und von dort „Richt Euch!" kommandiren. Die Zugführer müssen die Avertissementskommandos von den Ausführungskommandos trennen, nicht in einem Athem beide geben, die ersteren recht ruhig, gelassen ertheilen, die letzteren recht kurz, accentuirt, rapid ausstoßen; denn nur das giebt Ruhe bei der schnellsten Ausführung.

b. Es schadet gar nichts, wenn einmal ein Pferd eines Zugführers in den Galopp fällt; es wäre sehr engherzig, hiervon Alles abhängig machen zu wollen; aber darauf halte man, daß er einen egalen, gleichmäßigen Galopp im Tempo mitreitet, nicht vorsprengt und kann wieder zurückbleibt, den Zug aufhält und in Unordnung bringt; er muß gleichmäßigen Sprung fortreiten; dann wird er am allerersten wieder sein Pferd in den Trab setzen können. Sind die Leute daran gewöhnt, schon in der Bahn, von der Einzelreiterei her, ihr Tempo zu fühlen, sich nicht herausbringen zu lassen, dasselbe nicht durch die Augen zu halten, so wird den Zugführern niemals aufgeritten werden, und deren Pferde werden ruhig und völlig sicher vor der Front gehen. Wo die Richtung mit den Augen stattfindet, bleiben auch die Reiter niemals ihre zwei Schritte vom Zugführer ab, denn sie reiten kein gleichmäßiges Tempo.

c. Beim Ab-, Ein- und Kehrtschwenken, sei es aus dem Schritt, Trab oder Galopp, müssen die inwendigen Flügel-Unteroffiziere fest wie die Mauern halten, also pariren und sich gar nicht an ihren Zug kehren, wohin er auch reitet; die auswendigen Flügel-Unteroffiziere haben beim Schwenken unverrückt ihr früheres Tempo festzuhalten, dasselbe ebensowenig zu verstärken, als zu verkürzen; sie sind diejenigen, welche auf das Kommando „Gradeaus!" nach der Schwenkung das Tempo angeben, dasselbe aus der früheren Evolution in die folgende mitnehmen, konserviren und übertragen müssen, damit Alles im Fluß, im unverrückten Tempo verbleibt, das letztere also nicht wechselt.

d. Die Obliegenheiten der Flügel-Unteroffiziere beim Hakenschwenken sind die folgenden: die inwendigen Flügel-Unteroffiziere dürfen nicht kürzer werden, nicht verhalten, wenn sie sich dem Schwenkungspunkte nähern, sondern müssen dreist auf denselben zureiten, bis das Kommando „Marsch" zum Schwenken seitens des Zugführers erfolgt, wenn sie dabei auch dicht an den Vorderzug herankommen; auf dies Kommando „Marsch" verkürzen sie die bisherige Gangart, sehen vorwärts und nicht in den Zug hinein, und runden den Haken im Vorwärtsreiten nach innen ab, damit derselbe frei für den nächstfolgenden Zug wird, und der letztere nicht nach auswärts hinauszureiten braucht, um für die Schwenkung den nöthigen Raum und Platz zu gewinnen. Die Hakenschwenkung wird also in der Bewegung nach vorwärts und nicht mit Festhalten des inwendigen Flügels ausgeführt. — Die auswendigen Flügel-Unteroffiziere haben ihr bisheriges Tempo ganz unverrückt festzuhalten und dasselbe nicht zu verstärken; sie müssen ihren Zug nach innen zusammenhalten, also ihren Bogen nicht größer nach auswendig, sondern eher kleiner, abkürzend nach innen beschreiben und ihr Pferd etwa auf die dritte Rotte vom Vorderzuge stellen.

e. Der rechte Flügel-Unteroffizier der Eskadron kann nicht fest und sicher genug im Gradeausreiten gemacht werden; er darf unter keinen Umständen rechts fortgehen, damit der Eskadron nicht das Rechtsherandrängen dadurch geflissentlich eingeimpft wird; eher muß er etwas links gehen, damit die Mannschaften Feldgeben nach links lernen; ebenso muß der linke Flügel-Unteroffizier des ersten Zuges für das Reiten in der Inversion, im Gradeausreiten und nicht links fortgehen, ganz fest sein, damit die Mannschaften sich nicht in der Inversion das links Herandrängen angewöhnen.

f. Die Flügel-Unteroffiziere müssen es wissen und es dann auch so ausführen, daß bei „halbrechts und halblinks" nicht zu viel seitwärts, sondern mehr vorwärts wie seitwärts geritten wird.

g. In den Grundsätzen unserer Hauptevolution, der Frontalbewegung, müssen die Flügel-Unteroffiziere völlig sicher sein: sie beruht:
1) auf dem festen sicheren Tempo,
2) auf der Festhaltung der Direktion, also dem Gradeausreiten,
3) auf dem ruhigen Reiten Bügel an Bügel, ohne ängstlich den Nebenmann festhalten zu wollen,
4) darauf, daß die Richtung nicht mit den Augen gehalten wird; daß alle Reiter weder permanent nach der Richtungsseite, noch nach der entgegengesetzten mit Verdrehung des Kopfes, sondern grabeaus sehen und nur, um ihrem Gefühl des Tempo zu Hülfe zu kommen, zuweilen rechts und links sehen, um sich zu korrigiren.

Die wichtigsten Grundsätze und Regeln für die Vorstellung eines Zuges zu Pferde.

1) Die Zugführer haben bei einer Vorstellung ihres Zuges zu zeigen:

Die sogenannte Eskadronsschule, also die halben Wendungen zu Dreien; das Abbrechen zu Dreien aus den Abmärschen in rechts- (links-) um, und zu Zweien aus den Abmärschen zu Dreien; die Kehrtwendung zu Einem aus den Abmärschen zu Zweien; die Rechtschwenkung aus den Abmärschen zu Dreien; die Kehrtwendung aus rechts- (bezw. links-) um; das Setzen aus Dreien in die Abmärsche in rechts- bezw. linksum; halbrechts und halblinks in den Abmärschen zu Dreien und in rechts- (links-) um; die Aufmärsche aus Dreien zur Front und aus rechts- (links-) um zur Front; die Kehrtwendung aus der Front und die Frontwendung.

Sodann die Frontalbewegungen in der senkrechten Direktion und in schräger Direktion auf der Diagonale: die Frontalbewegungen mit halbrechts und halblinks; die Schwenkungen rechts, links, halbrechts und halblinks, rechtsum kehrt und linksum kehrt; die Schwenkungen von der Diagonale wieder zur Diagonale; das Halten aus dem Trabe und das Antraben von der Stelle.

Demnächst die Frontalbewegungen im Galopp, ähnlich wie im Trabe, in gerader und schräger Direktion (auf der Diagonale). Aus dem Galopp „Trab", aus dem Galopp „Halt". — Diese Evolutionen müssen mit Ueberlegung und Nachdenken richtig eingetheilt und mit Verständniß fließend aneinandergereiht werden.

Der Führer darf z. B. die Eskadronsschule auf der einen Hand nicht gerade so zeigen, wie auf der anderen: ist auf der einen zu Einem Kehrt gemacht worden, so muß er auf der anderen zu Dreien rechtsum Kehrt schwenken lassen; hat er auf der einen aus den Abmärschen zu Dreien aufmarschiren lassen, so muß dies auf der anderen aus den Abmärschen in rechts- oder linksum ausgeführt werden. Wenn die Eskadronsschule auf der rechten Hand gezeigt wird, so muß der Zugführer die Tete stets links auf dem Halsen schwenken lassen; analog entgegengesetzt, wenn die Eskadronschule auf der linken ausgeführt wird. Es darf nicht mehrere Male hintereinander in Front rechts oder links, sondern abwechselnd rechts und links, halbrechts und halblinks, rechtsumkehrt, linksumkehrt geschwenkt werden, es müssen abwechselnd auf grader Linie und auf der Diagonale Bewegungen ausgeführt werden, mit einem Worte, es darf keine Bewegung zweimal auf derselben Hand gezeigt werden, es muß Abwechslung in die Vorstellung gebracht werden, dem Inspizirenden müssen Gedanken, Ideen, Einsicht und Ueberlegung des Führers und sorgfältige, gründliche Vorbereitung desselben entgegentreten. Das Schablonenmäßige, Mechanische muß gänzlich fortfallen.

2) Wenn dem Führer freie Bewegung gelassen wird, so darf er nichts zeigen, was nicht vorher geübt, dessen exakter Ausführung er daher nicht ganz sicher ist.

3) Keine Evolutionen dürfen im Schritt, vielmehr mindestens im Trabe ausgeführt werden. Es empfiehlt sich, eine allmälige Steigerung der Anforderungen sichtbar hervortreten zu lassen. Von den kürzeren Gangarten muß also zu den stärkeren Gangarten übergegangen werden, nicht umgekehrt; ebenso von dem Reiten auf grader Linie, senkrechter Direktion, zu schräger Direktion auf der Diagonale, welche letztere überhaupt vornehmlich gezeigt werden muß, ebenso wie der Uebergang, die Schwenkung, von der Diagonale zur Diagonale.

4) Der Führer darf nicht an seinem Zuge kleben, sondern muß sich in entsprechend weiter Entfernung (eher zu weit, wie zu nahe) von demselben befinden, wo er von allen Mannschaften gesehen, sein Kommando besser gehört und verstanden wird. Er muß sich stets vor der Mitte seines Zuges befinden und, besonders bei windigem Wetter, bedacht sein, daß alle Mannschaften, also Tete und Queue gleichzeitig, sein Kommando hören und ausführen können.

5) Es macht einen guten Eindruck, wenn der Führer sich schnell und mit Gewandtheit vor der Front bewegt und nicht unnütz, ohne Zweck, wild hin- und hersprengt, sondern mit Haltung, Sicherheit und Festigkeit reitet; es muß immer die Absicht zu erkennen sein, weshalb er schnell reitet; ist es nicht anders nothwendig, so reitet er vor der Mitte dieselben Tempos, wie sein Zug.

6) Die Art und Weise, wie der Führer seine Kommandos giebt, trägt außerordentlich viel zum Gelingen oder Mißlingen der Vorstellung bei. Das Ausführungskommando muß vom Avertissementskommando gehörig getrennt werden; das Avertissementskommando ist ruhig, gelassen, nicht kurz, schnell und hastig auszusprechen; beides giebt der Truppe Ruhe und Sicherheit, selbst bei den allerschnellsten Bewegungen. Das Ausführungskommando ist mit Nerv und Energie, kurz, accentuirt, entschieden zu ertheilen; wenn dies geschieht, so kann der Führer präziser, exakter, frischer Ausführung sicher sein. Alle Kommandos müssen so laut ertheilt werden, daß jeder Mann des Zuges sie hört. Der Führer darf sich weder bei einer Vorstellung, noch bei anderen Gelegenheiten, wo er allein ist, im Kommando gehen lassen, nie lasch, halblaut, ohne Accent kommandiren; die Ausführung hält gleichen Schritt mit der Vernachlässigung im Kommando; das verwöhnt und demoralisirt die Truppe.

7) Die Kommandos müssen ganz präzise zur rechten Zeit erfolgen. Beim Schwenken des Zuges z. B. muß der Führer das „Gradeaus!" nicht zu spät ertheilen (gewöhnlicher Fehler); er muß vielmehr den schwenkenden Flügel mit dem „Gradeaus!" aufnehmen, damit derselbe nicht zum Stutzen oder Halten kommt und damit nicht zu weit herumgeschwenkt, sondern in der richtigen Direktion weiter geritten wird, die Bewegung im Fluß bleibt.

Beim Aufrücken der Abmärsche, wenn aus Zweien zu Dreien, oder aus Dreien in rechtsum oder linksum gesetzt wird, darf der Führer den Queue-Abmarsch nicht zum Schritt kommen lassen, sondern sein „Trab!" so ertheilen, daß dieser im Trabe bleibt und der Zug sich in Trab setzt, wenn der erstere im Begriff steht, aufzurücken; der letzte Abmarsch ist also mit dem „Trab!" aufzunehmen.

Blick und Stimme des Kommandirenden haben sich bei den Kommandos stets dahin zu richten, wo, wie er aus Erfahrung weiß, daß Kommando gewöhnlich nicht präzise und schnell ausgeführt wird, sondern wo man abwartet, was gewöhnlich die Queue, beim Uebergehen in stärkere wie in schwächere Gangarten, trifft. Dieser Fehler kann durch das in richtiger Direktion accentuirt gegebene Kommando leicht coupirt werden.

8) „Eskadron vorwärts!" und „Eskadron kehrt!" müssen als Avertissementskommandos stets zusammenhängend gegeben werden; ebenso „Abgesessen!" „Aufgesessen!"; die Ausführung der letzteren hat jedoch von den Mannschaften nach den vorschriftsmäßigen Tempos zu erfolgen. „Richt Euch!" verlangt verschiedenartige Accentuirung, je nachdem auf dasselbe angerückt oder im Stillhalten die schärfere Richtung aufgenommen werden soll. Soll in ein neues Alignement eingerückt werden, so wird „Richt — Euch!" kommandirt; soll die Richtung auf der Stelle aufgenommen werden, so ist „Richt Euch!", ohne Anhalten dazwischen, zu kommandiren. — „Stillgesessen!" „Richt Euch!" verlangen ein jedes besondere Ausführung. Auf „Stillgesessen!" haben die Mannschaften nur still zu sitzen und ihre Pferde grade und senkrecht zur Frontlinie zu stellen, was unumgängliche Vorbedingung für die Aufnahme der Richtung ist; auf „Richt Euch!" sind die vorschriftsmäßigen Abstände zu nehmen.

9) Der Zugführer muß die Vorstellung mit einer Vorwärtsbewegung im Trabe beginnen, dann die Wendung zur Eskadronsschule folgen lassen und die Vorstellung mit einer Frontalbewegung im Trabe oder im Galopp schließen.

10) Der zur Disposition stehende Platz muß richtig eingetheilt werden; der Führer muß stets auf demselben orientirt sein und sich so einrichten, daß er zu einer jeden Evolution immer freie Bahn, also frei Feld und Raum, vor sich hat. Er darf nicht Halt machen und die Vorstellung beendigen, wenn sich kurz vor ihm die Grenze des Platzes befindet.

11) Die Evolutionen dürfen nicht schnell und übereilt aufeinander folgen, eine jede muß erst zur Entwickelung, zur Erscheinung, zum vollen Austrage gelangen. Der Führer muß lange Linien reiten, die Evolutionen auslaufen, räumig reiten lassen; dieselben dürfen nicht unmittelbar ineinander übergehen oder gar einander unterbrechen, so daß die nächstfolgende anfängt, ehe die vorhergehende beendigt ist, woran gemeinhin mangelhafte Eintheilung des Platzes, Mangel an Voraussicht und Orientirung, und daher an Raum die Schuld tragen. Einen solchen Vorwurf darf der Führer, auch der schwächsten Abtheilung, nicht auf sich laden; er muß stets richtig orientirt sein, weit vorausssehen und nie zu spät etwas thun, denn das ist ganz unkavalleristisch; von früh an soll er bestrebt sein, diesen schlimmsten Fehler unserer Waffe zu vermeiden. Die Vorstellung muß den anregenden Eindruck der Frische, Lebendigkeit und Beweglichkeit machen.

Bemüht sich der Zugführer, beim Exerziren und beim Vorführen diese Grundregeln zu beobachten, so wird er seinen Zug in günstiger Weise vorstellen, dessen Ausbildung in das beste Licht stellen und einen vortheilhaften Eindruck verursachen; demnächst sich auch in rationeller Weise dazu vorbereiten, größere Abtheilungen, also eine Eskadron, zu führen; er wird sich dann unbedingt die Routine aneignen, die für den Führer einer Kavallerie-Abtheilung erforderlich ist.

[Zweiter Abschnitt.]

Exerziren des einzelnen Mannes, des Trupps und des Zuges.

[§ 59.] Allgemeine Bestimmungen.

Für diese Uebungen sind die für die Eskadron vorgeschriebenen Kommandos anzuwenden. — Richtung und Fühlung nach den allgemeinen Grundsätzen, daher stets der Mittelreiter, bezw. die Mittelrotte, zu bezeichnen. — Vor dem Zuge muß sich stets ein Zugführer befinden, der bei den ersten Uebungen durch einen Stellvertreter zu ersetzen ist.

[§ 60.] Stillsitzen, Rühren, Honneurs bei Gewehr ein.

[1.] „**Stillgesessen!**" (Ausführung nach der Reitinstruktion.)

Der Ulan umfaßt die am rechten Arme am Armriemen hängende Lanze mit der herabhängenden rechten Hand derart, daß vier Finger lose an der äußeren, der Daumen an der inneren Seite der Lanze liegt.

[2.] Soll dann Fühlung und Richtung regulirt oder von einer Truppe, die das Gewehr nicht aufgenommen, bezw. die Lanze nicht auf der Lende oder angefaßt hat, ein Honneur erwiesen werden, so erfolgt „**Richt Euch!**", (welchem „**Augen — rechts! (links!)**" vorhergeht, wenn die Richtung nicht ohnehin nach der betr. Seite zu nehmen war). Der das Honneur kommandirende Offizier legt die Hand an die Kopfbedeckung.

[§ 61.] Griffe mit dem Seitengewehr.

In der Nähe des Feindes: Lösen des Faustriemens; bei der Aussicht, handgemein zu werden: Gewehr auf, Faustriemen über das Handgelenk gezogen.

[1.] „**Eskadron Gewehr — auf!**" (zwei Tempos).
 a. Die rechte Hand bringt das Gefäß in die [§ 10, 2, a] beschriebene Stellung.
 b. Das Degengefäß wird 3, das Säbelgefäß 2 Hände breit vom Hüftgelenk derart auf die rechte Lende gesetzt, daß das Handgelenk und die beiden letzten Finger geschlossen und hinter dem Gefäße auf der Mitte der Lende ruhen. Rücken der Klinge an der Schulter (Aermelnaht), Schneide nach vorn.

[2.] „**Eskadron Gewehr — ein!**" (zwei Tempos).
 a. Die Klinge kommt in die Stellung wie bei [1, a].
 b. Die rechte Hand steigt senkrecht bis zur Mitte der Brust, wirft die Klinge, Spitze nach der Hüfte, Rücken an den linken Unterarm gelehnt, bis auf eine Handbreit in die Scheide und geht dann hinter die rechte Lende.

[3.] „**Auslage vorwärts!**": Das Gefäß wird mit den 4 Fingern fest umfaßt, der Daumen liegt lang auf dem Rücken des Griffes. Der rechte Arm bringt, mäßig gekrümmt, das Gefäß dicht vor das Gesicht, so daß die Klinge links aufwärts steigt, Spitze etwa eine Handbreit höher als das Gefäß, Schneide vorwärts-aufwärts.

[§ 62.] **Griffe mit der Lanze.**

Normale Haltung: beim Exerziren und den Uebungen im Terrain auf der Lende; zur Parade angefaßt; auf Märschen am Arm oder angefaßt (letzteres beim Antraben ohne Kommando!).

[1.] „**Lanzen auf die Lende!**"
Die Lanze wird, wenn sie am Arm oder angefaßt ist, aus dem Schuh gehoben, der Armriemen durch Schlagen eines Knotens um die Lanzenstange verkürzt, die Lanze hierauf im Schwerpunkte mit voller Faust gefaßt und letztere auf den rechten Oberschenkel so aufgesetzt, daß die Knebel der Finger nach außen, der Daumen nach der Lende zu liegen, und daß die Lanzenspitze außen am rechten Pferdeohre vorbeireicht (beim Einzelnreiten auch außerhalb des linken).
Offiziere und Unteroffiziere nehmen das Seitengewehr mit dem Führer auf.

[2.] „**Lanzen — an Arm!**"
Offiziere und Unteroffiziere stecken das Seitengewehr ein.
Ist die Lanze auf der Lende, so wird der Armriemenknoten gelöst, die Lanze in den Schuh gesteckt, die rechte Hand ganz durch den Armriemen gebracht und die Lanze hinter den rechten Arm fallen gelassen, wo sie so hängt wie nach „Stillgesessen" vor dem Anfassen.
Auf „**Rührt Euch!**" kann die Hand die Lanze loslassen.

[3.] „**Faßt Lanzen — an!**"
Offiziere und Unteroffiziere nehmen das Gewehr auf, außer auf Märschen.
Die Lanze erhält durch den rechten Arm einen Abstoß nach vorn; die rechte Hand erfaßt sie mit mäßig abgerundetem Faustgelenk in gleicher Höhe mit der linken Hand, zugleich erfaßt sie den inneren Theil des Armriemens, welcher glatt an der äußeren Seite der Lanze anliegt, während der äußere über die Knebel der Hand herabläuft. So umfaßt, wird die Lanze senkrecht im Schuh getragen, in welchen sie zunächst gesteckt wird, wenn sie auf der Lende ist.

[4.] „**Zur Attacke Lanzen — gefällt!**"
Die rechte Hand bringt die Lanze unter den rechten Arm, der Oberarm drückt sie fest an den Körper, Hand dicht an der Brust, Knebel des Daumen nach oben; Lanze rechts vom Pferde wagerecht oder bis zur Höhe des Czapka gefällt [vgl. § 162].

[Dritter Abschnitt.]

Exerziren der Eskadron.

[Erstes Kapitel.]

Eintheilung der Eskadron und Beschreibung ihrer Formationen.

[§ 63.] **Eintheilung.**

[1.] Die Eskadron ist die taktische Einheit. — 2 Glieder, 1. und 2.; 4 Züge, 1. bis 4., von unter sich gleicher Rottenzahl; mindestens 10 Rotten, sonst Verringerung ihrer Anzahl; Rangirung möglichst nach der Größe der Reiter zu Pferde vom rechten zum linken Flügel.

[2.] Zugführer sind die Offiziere, in deren Ermangelung Unteroffiziere. Welche Züge die Offiziere führen und welche Offiziere schließen sollen, bestimmt der Eskadronchef. Einen an der Ausübung seiner Funktionen behinderten Zugführer ersetzt ohne Weiteres der rechte Flügel-, diesen der erste schließende Unteroffizier.

[3.] Jeder Zug hat einen rechten und einen linken Flügel-Unteroffizier, welche in der Rottenzahl nicht mitzählen, und wenigstens einen schließenden Unteroffizier; letztere heißen erste oder zweite schließende Unteroffiziere, je nachdem sie hinter dem rechten oder dem linken Flügel schließen. Erste schließende müssen bei der ersten Rangirung stets vorhanden sein; fehlende Unteroffiziere werden durch Gefreite ersetzt.

[4.] Auf den Flügeln — zunächst auf den linken — können blinde Rotten, d. h. Leute des 1. Gliedes ohne Hintermann, sich befinden. Bei erster Rangirung sind zwei für den Zug zulässig.

[5.] Die Züge werden in Abmärsche zu 3 Rotten eingetheilt. Die Abmärsche werden in jedem Zuge vom rechten Flügel an numerirt. Ebenso führen in jedem Abmarsche die Rotten die Nummern 1 bis 3, bezw. 4. Die Flügel-Unteroffiziere werden nicht mit abgetheilt. Ist die Rottenzahl der Züge nicht durch 3 theilbar, so hat der letzte Abmarsch 2 oder 4 Rotten.

[6.] Zum Auf- und Absitzen werden die Züge vom rechten Flügel zu Zweien, als „Nummer 1, Nummer 2 zum Absitzen" abgetheilt; die Flügel-Unteroffiziere zählen nicht mit.

[7.] Der Mann im 2. Gliede hat stets die Nummern seines Vordermannes.

[§ 64.] **Plätze des Eskadronchefs, der Zugführer, des schließenden Offiziers und der Trompeter.**

[1.] Eskadronchef: der Regel nach 30 Schritt vor der Linie oder neben der Seite der Kolonne, nach welcher er die Front herstellen will.

[2.] Zugführer: in Linie 2, Ulanen in Frontalbewegungen 3, in der Zug- und in der Halbkolonne 1 Schritt vor der Mitte; bei den Marschkolonnen und den Wendungen rechts und links auf der Aufmarsch- bezw. Frontseite, neben der Tete ihres Zuges.

[3.] Schließender Offizier und Wachtmeister: in Linie auf Gliederabstand hinter den schließenden Unteroffizieren; bei der Zug- und Halbkolonne in demselben Verhältnisse auf der der Frontseite entgegengesetzten Seite; bei den Marschkolonnen hinter denselben. Schließt nur der Wachtmeister, so befindet er sich bei entwickelter Linie hinter der Mitte. Ist ein schließender Offizier vorhanden, so nimmt er auf den rechten Flügel des 2., der Wachtmeister auf den des 4. Zuges Vorderrichtung.

[4.] Ein Trompeter links neben dem Eskadronchef, eine Pferdelänge zurück; die übrigen in Linie in einem Gliede 2 Schritt neben der äußeren Seite 2. Gliedes 1. Zuges, bei der Zug- und der Halbkolonne ebenso auf der Seite, auf welcher der Eskadronchef nicht reitet, bei Mangel an Platz hinter der Kolonne. Ist aus der rechts abmarschirten Zugkolonne mit Zügen halbrechts geschwenkt, so reiten sie bis in die Höhe des 1. Gliedes vor, beim Einschwenken und Aufmarschiren auf die äußere Seite des 1. Zuges, bei Kehrtschwenkungen mit Zügen und bei Viertelschwenkungen in der Halbkolonne machen sie erforderlichen Falles Platz; in den Marschkolonnen, wie ein Abmarsch, 2 Schritt vor der rechts oder hinter der links abmarschirten Eskadron. Einem zum Flankiren oder zum Nachhauen bestimmten Zuge schließt sich ein Trompeter an.

[§ 65.] **Beschreibung der Formation in Linie.**

Fig. 1 zu [§ 65].

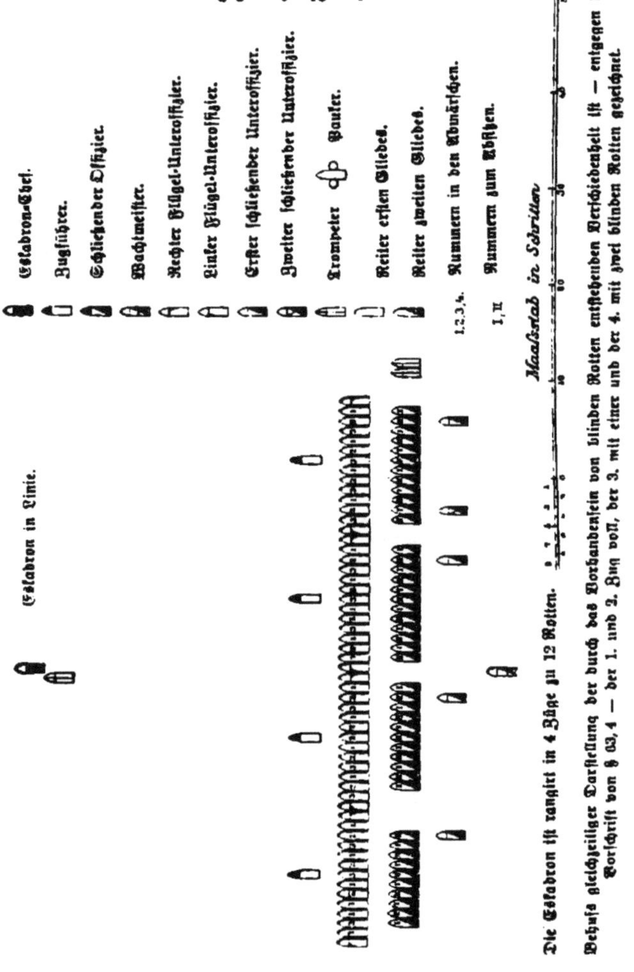

Eskadron-Chef.
Zugführer.
Schließender Offizier.
Wachtmeister.
Rechter Flügel-Unteroffizier.
Linker Flügel-Unteroffizier.
Erster schließender Unteroffizier.
Zweiter schließender Unteroffizier.
Trompeter ⚭ Pauker.
Reiter ersten Gliedes.
Reiter zweiten Gliedes.
1,2,3,4. Nummern in den Abmärschen.
1, II. Nummern zum Eßen.

Maaßstab in Schritten.

Eskadron in Linie.

Die Eskadron ist rangirt in 4 Züge zu 12 Rotten.

Behufs gleichzeitiger Darstellung der durch das Vorhandensein von blinden Rotten entstehenden Verschiedenheit ist — entgegen der Vorschrift von § 63,4 — der 1. und 2. Zug voll, der 3. mit einer und der 4. mit zwei blinden Rotten gezeichnet.

[§ 66.] **Beschreibung der Zugkolonne.**

Abstand der Züge: Zugbreite, d. h. soviel Schritte, als der Zug, einschl. Flügel-Unteroffiziere, Rotten zählt; Abstand des Zugführers vom 2. Gliede des vorderen Zuges 1 Zugbreite weniger 11 Schritt*), also z. B. bei 10 Rotten 1, bei 11 2 Schritt; Abstand des Zuges vom Zugführer 1 Schritt. — 1. schließende Unteroffiziere auf dem rechten, 2. auf dem linken Flügel des 2. Gliedes der Züge.

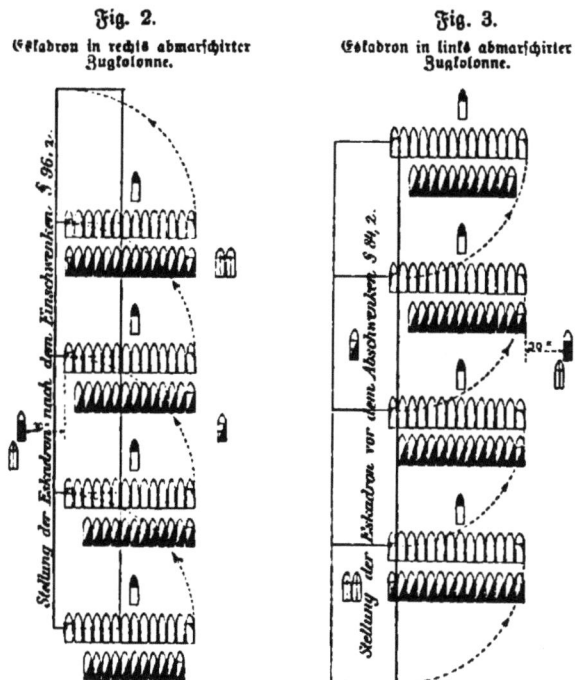

Fig. 2. Eskadron in rechts abmarschirter Zugkolonne.

Fig. 3. Eskadron in links abmarschirter Zugkolonne.

[§ 67.] **Beschreibung der Halbkolonne.**

Jeder folgende Zug überragt den vorderen nach der „inneren Seite"; Zugführer wie Flügel-Unteroffiziere des hinteren sind Zugbreite von denen des vorderen entfernt. Abstand der Züge und Bestimmung der Rotten der vorderen Züge, auf welche die äußeren Flügel der hinteren Vordermann haben, nach der Rottenzahl: bei 10 Rotten beträgt der Abstand der Pferdeköpfe 1. Gliedes des hinteren Zuges von den Schweifen der Pferde 2. Gliedes des vorderen 1½, mit jeder hinzutretenden Rotte wächst er um 1 Schritt; die äußeren Flügel-Unteroffiziere nehmen Vorderrichtung: bei 10 Rotten zwischen

---

*) Berechnung dieser 11 Schritt: Tiefe des vorderen Zuges 7 (3+1+3), des Pferdes des Zugführers 3, Abstand des Zuges vom Zugführer 1.

der 2. und 3., bei 11, 12 und 13 auf die 3., bei stärkeren Zügen auf die 4. Rotte vom inneren Flügel, wobei die inneren Flügel-Unteroffiziere nicht mitgezählt sind. Schließende Unteroffiziere wie [§ 66].

Fig. 4 zu [§ 67].

Eskadron in rechts abmarschirter Halbkolonne.

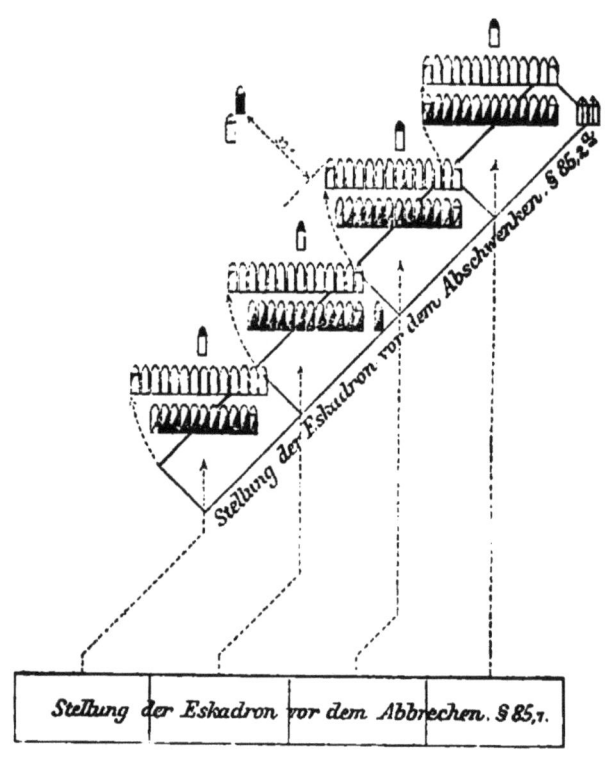

[§ 68.] Beschreibung der Marschkolonnen.
a. Kolonne zu Dreien.
[1] Die 2. Glieder reiten in der rechts abmarschirten Kolonne rechts, in der links abmarschirten links auf die Lücken. Abmärsche und Glieder sind dicht aufgerückt. Hat der letzte Abmarsch nur 2 Rotten und darunter eine blinde, so reitet der Mann 2. Gliedes in der rechts abmarschirten rechts neben Nr. 1 des 1. Gliedes, in der links abmarschirten zwischen Nr. 2 des 1. Gliedes und dem linken Flügel-Unteroffizier.
[2] Rechte Flügel-Unteroffiziere neben den rechten, linke neben den linken Flügelleuten 1. Gliedes; 1. schließende Unteroffiziere neben den rechten Flügelleuten 2. Gliedes, 2. auf der äußeren Seite der Kolonne neben dem 2. Gliede des der Nummer nach letzten bezw., wenn ein solcher nur 2 Rotten und darunter eine blinde hat, vorletzten Abmarsches.

b. Kolonne zu Zweien.

[1] Alle Nr. 1 zum Absitzen reiten in der rechts abmarschirten Kolonne rechts, in der links abmarschirten links auf die Lücken, alle Rotten dicht aufgerückt. Ist eine blinde Rotte auf dem rechten Flügel des Zuges, so reitet der betreffende Mann allein, ebenso wenn eine solche auf dem linken ist und der Zug einen 2. schließenden Unteroffizier hat; ist letzteres nicht der Fall, so reitet der Mann rechts neben dem linken Flügel-Unteroffizier.

[2] Die rechten Flügel- und 1. schließenden Unteroffiziere reiten nebeneinander (letztere auf der äußeren Seite), in der rechts abmarschirten Kolonne vor, in der links abmarschirten hinter dem rechten Flügelabmarsche; die linken Flügel- und 2. schließenden Unteroffiziere ebenso hinter, bezw. vor dem linken Flügelabmarsche.

3) Fehlt es an Raum, so brechen auch die Trompeter zu Zweien ab.

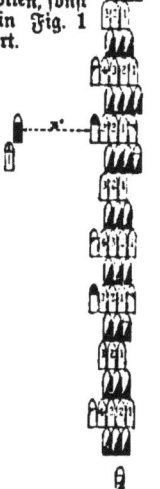

Fig. 6 zu [§ 68a].
Escadron in rechts abmarschirter Kolonne zu Dreien.

Die Züge sind zu 10 Rotten, sonst wie in Fig. 1 rangirt.

[Zweites Kapitel.]

Richten. Stillsitzen. Rühren. Honneurs bei Gewehr ein. Ab- und Aufsitzen. Griffe. Salutiren. Schließen. Rückwärtsrichten. Wendungen. Uebergang aus Rechts- — (Links- —) um in die Marschkolonne zu Dreien und aus der Marschkolonne zu Dreien in Rechts- — (Links- —) um. Einzeln-Abreiten. Rangiren.

[§ 69.] Richten.

„Richt — Euch!"

[§ 70.] Stillsitzen, Rühren, Honneurs bei Gewehr ein.

Nach Anleitung von [§ 60].

[§ 71.] Ab- und Aufsitzen.

[1.] Absitzen (zum Gefecht zu Fuß s. [§ 194]).

Auf „Fertig zum Absitzen!" reiten die Zugführer, linken Flügel-Unteroffiziere und Nr. 1 des 1. Gliedes zwei, die rechten Flügel-Unteroffiziere, Nr. 2 des 1. und Nr. 1 des 2. Gliedes eine Pferdelänge vor; die Zugführer machen Rechtsumkehrt, die Trompeter benehmen sich wie das 2. Glied; Alles, mit Ausnahme der Offiziere, zugführenden Unteroffiziere und des Wachtmeisters, welche zu Pferde bleiben, macht sich zum Absitzen fertig, welches auf „Abgesessen!" ausgeführt wird.

Wird dann „Richt — Euch!" kommandirt, so führen die rechten Flügel-Unteroffiziere und die Nr. 2 ihre Pferde wieder neben Nr. 1.

Auf „**Zum Lanzeneinstecken!**" tritt jeder Ulan von seinem Platze am Kopfe seines Pferdes 1 Schritt vor, macht rechtsum, erfaßt die Lanze mit beiden Händen und nimmt genau Vordermann. Auf „**Lanzen — ein!**" steckt er die Lanze senkrecht fest in die Erde und tritt an den Kopf seines Pferdes zurück.

Auf das Kommando zum Rühren sitzen die Unteroffiziere ab, den Offizieren ist dies freigestellt. Auf „**Stillgestanden**" treten die Ulanen an die Pferde, ohne die Lanzen in die Hand zu nehmen.

[2.] Aufsitzen.

Auf „**An die Pferde!**" sitzen Offiziere, Wachtmeister und zugführende Unteroffiziere auf, die Zugführer nehmen Front gegen die Züge, die Mannschaft tritt an die Pferde (die Ulanen, nachdem sie die Lanzen ergriffen haben). — Auf „**Fertig zum Aufsitzen!**" führen zunächst, wenn auf „**Richt — Euch!**" (nach [1.]) zwei Glieder formirt waren, die linken Flügel-Unteroffiziere und sämmtliche Nr. 1 ihre Pferde eine Pferdelänge vor. — „**Aufgesessen!**" — Auf „**Richt — Euch!**" wird die geschlossene Eskadron wieder formirt, die Zugführer machen Rechtsumkehrt.

[3.] Ab- und Aufsitzen in der Zugkolonne: geschieht, soweit es der Raum gestattet, analog; die Zugführer reiten seitwärts heraus. In den Marschkolonnen wird der erforderliche Zwischenraum nach den Seiten gesucht.

[§ 72.] Griffe, vgl. [§§ 61, 62].

[§ 73.] Salutiren der Offiziere.

Auf „**Achtung!**" wird beim ersten Tempo das Seitengewehr, wie beim Einnehmen, vor den Leib gebracht, beim zweiten mit natürlich herabhängendem Arme so gesenkt, daß die Hand hinter der Lende, die Klinge (Schneide nach dem Pferde) hinter dem Sporn herunterhängt. Zurücksalutiren: auf „**Achtung!**" (ein Tempo) wird das Seitengewehr a. vor den Leib gebracht, b. auf die Lende gesetzt.

[§ 74.] Schließen (nach Vorschrift der Reitinstruktion).

„**Eskadron — rechts (links) schließt Euch — Marsch!**"
„**Halt!**"

[§ 75.] Rückwärtsrichten. (Ausführung nach der Reitinstruktion).

„**Eskadron — rückwärts richt Euch — Marsch!**"
„**Halt!**"

[§ 76.] Wendungen.

[1.] Werden, sowohl von der Stelle als aus der Bewegung, wie Schwenkungen mit festem Drehpunkte und im Schritt ausgeführt. Der Mann des inneren Flügels wendet auf der Mittelhand, die anderen schwenken herum. Aus dem Trabe wird zunächst zum Schritt, bezw. Halten parirt.

[2.] Der Eskadronchef bleibt auf der Seite, auf welcher er sich befinden muß, sobald die Normalformation in Linie hergestellt wird.

[3.] Rechts- oder Linksschwenkung.

„**Eskadron — Rechts- (Links-) um — Gangart!**"

Bei Rechtsum wenden alle Nr. 1 auf der Mittelhand; alle übrigen schwenken. Bei Linksum wenden alle Nr. 3 bezw. 2 oder 4, die übrigen schwenken. Hat der letzte Abmarsch vier Rotten, so muß in der Zugkolonne bei Linksum Nr. 4 des 2. Gliedes zurückziehen.

Bei Rechtsum zieht der rechte, bei Linksum der linke Flügel-Unteroffizier zurück; die schließenden Unteroffiziere nehmen die [§ 68, a] bezeichneten Plätze ein.

Sobald angeritten wird, reiten bei Rechtsum die Leute der geraden Abmärsche rechts, bei Linksum die der ungeraden links auf die Lücken. Veränderungen der Marschrichtung durch Hakenschwenkung nach [§ 95, 2]. Zur Herstellung der Linie erfolgt: „**Eskadron — Front!**" oder Signal.

[4.] Kehrtwendung.

„**Eskadron — Kehrt — (Gangart)!**"

Nur nach rechts. Nr. 1 wendet (bei einem aus 4 Rotten bestehenden linken Flügelabmarsche zieht sie sich darauf einen Schritt rechts seitwärts), die übrigen schwenken Kehrt.

Die Flügel-Unteroffiziere reiten aus dem Gliede heraus und machen für sich Rechtsumkehrt, worauf sich die rechten hinter die 2. Rotte des ursprünglich rechten Flügels ihres Zuges, die linken in das vordere (2.) Glied auf den ursprünglich linken Flügel setzen. — Die 1. schließenden Unteroffiziere setzen sich während der Wendung auf den ursprünglich rechten Flügel des vorderen Gliedes, die 2., der schließende Offizier, der Wachtmeister und die Zugführer machen die Wendung für sich.

Die Herstellung der Front erfolgt auf „**Eskadron — Front!**" oder Signal ebenfalls durch Rechtsumkehrt-Wendung.

Uebergang aus Kehrt in Rechts- (Links-) um nach [§ 3].

[§ 77.] Uebergang aus Rechts- (Links-) um in die Marschkolonne zu Dreien und aus der Marschkolonne zu Dreien in Rechts- (Links-) um.

a. Aus Rechts- (Links-) um in die Marschkolonne zu Dreien.

„**Eskadron — zu Dreien (Gangart)!**"

Das 1. Glied des Tetenabmarsches rückt vor, das 2. zieht sich auf die Lücken dahinter, alle anderen folgen nach und nach. Zugführer neben den 1. Gliedern der Tetenabmärsche.

In keiner stärkeren Gangart als im Trabe!

b. Aus der Marschkolonne zu Dreien in Rechts- (Links-) um.

„**Eskadron — in Rechts- (Links-) um gesetzt — (Gangart)!**"

Aus der rechts (links) abmarschirten Kolonne nur in Rechtsum (Linksum)!

Die 1. Glieder bleiben gradeaus (aus der Bewegung im Schritt ohne die Gangart zu ändern), die 2. setzen sich daneben, dann rücken alle Abmärsche gleichzeitig auf (auf die Lücken). Beim Aufmarsch aus dem Trabe in unveränderter Gangart fallen die 1. Glieder zunächst in Schritt, aus dem Halten rücken sie um ihre Breite im Schritt vor und halten.

In keiner stärkeren Gangart als im Trabe!

[§ 78.] Einzelnabreiten.

„**Eskadron — mit n... Pferdelängen Distance — zu Einem rechts (links) brecht ab — (Gangart)!**"

Leute des 1. Gliedes vor den zu derselben Rotte gehörigen des 2.; Zugführer vor, Flügel-Unteroffiziere vor, bezw. hinter den Zügen, 1. schließende hinter dem rechten, 2. hinter dem linken Flügel-Unteroffizier. Schließende Offizier und Wachtmeister hinter, Trompeter vor der Eskadron. Der älteste Offizier der Eskadron beaufsichtigt (2 Pferdelängen vorwärts des betr. Flügels) das Abreiten. Dort wird Abstand genommen und in die befohlene Gangart übergegangen.

Die Flügelleute reiten gradaus, der 2. und 3. Mann beider Glieder schließen bis an deren Plätze, alle übrigen Leute rücken, einer nach dem andern, 1 Pferdelänge vor, machen rechts- (links-) um, reiten auf Glieder-Abstand die Front entlang und folgen.

Jeder Reiter sieht den Vorgesetzten (außer in der Karriere und bei Hieben oder Stichen), vor welchem vorbeigeritten wird, an, sobald er sich demselben auf 2 Pferdelängen genähert hat; der Eskadronchef, welcher vor den Trompetern an der Tete reitet, salutirt und begiebt sich, sobald er an dem Vorgesetzten vorbei ist, im Galopp an dessen Seite.

Am Ende der Linie läßt der Führer des Tetenzuges aufmarschiren und halten. Zunächst halten der Flügel-Unteroffizier und die Flügelrotte, die folgenden Reiter fallen auf 1 Pferdelänge von diesen in den Schritt, die beiden nächsten Rotten rücken mit halblinks (halbrechts), alle übrigen durch zweimalige Wendung in die Glieder ein.

Beim Abreiten in der Karriere bezeichnet ein Point den Platz, wo allmälig zum Trabe übergegangen wird. Sollen Waffenübungen gemacht werden, so ist mit dem Seitengewehr vornehmlich der Stich vorwärts, nie der Hieb zur Erde, auszuführen.

[§ 79.] Rangiren (vgl. [§ 167]).

„Rangirt — Euch!" Zugführer und 1. Glied reiten im Schritt 2 Pferdelängen vor, jeder Reiter nimmt seinen ursprünglichen Platz ein. Sind die Züge durch ihre Führer, welche Rechtsumkehr gemacht haben, rangirt und abgetheilt, so rückt auf „Richt — Euch!" des Eskadronchefs das 2. Glied auf, die Zugführer machen durch Rechtsumkehr Front. Die Reihenfolge der Züge bleibt wie sie vor dem Rangiren war.

[Drittes Kapitel.]

Bewegungen der Eskadron.

[A.] Bewegungen in Linie.

[§ 80.] Marsch in Linie vorwärts.

„Eskadron — (Gangart)!" oder Signal.

Die hauptsächlichsten zur Anwendung kommenden Grundsätze ergeben sich aus [§§ 52 und 53]. Der schließende Offizier und der Wachtmeister kontroliren den Abstand des 2. Gliedes vom 1. und sind deshalb nicht unbedingt an ihren Platz gebunden.

[§ 81.] Marsch in Linie halbseitwärts.

„Eskadron — Halbrechts (Halblinks) — (Gangart)!"
und „Eskadron — Gradaus!"

Jeder reitet noch eine Pferdelänge gradaus und wendet dann im Vorwärtsreiten so viel, daß er mit seinem Vordermann Knie hinter Knie reitet.

[§ 82.] Schwenkungen in Linie.

„Eskadron — rechts (links)" oder „halbrechts (halblinks) schwenkt — (Gangart)!"
und „Gradaus!" oder „Halt!" oder Signal.

Der Führer des äußeren Zuges hält das Tempo und bemißt den Bogen, die übrigen Zugführer verkürzen das Tempo, die Züge folgen den Führern.

Der Unteroffizier des äußeren Flügels reitet seinen Bogen, ohne in das Glied zu sehen, in unveränderter Gangart und Tempo; der des inneren sieht gradeaus und beschreibt im Schritt einen kleinen Kreisbogen, die übrigen Leute verkürzen nach Maßgabe der Bewegung des äußeren Flügels das Tempo bezw. verändern sie die Gangart. Das 2. Glied hält nach dem schwenkenden Flügel über. Befindet sich der Eskadronchef vor der Front, so reitet er, nachdem er das Kommando ertheilt hat, in starkem Galopp in der neuen Marschrichtung vor und giebt von dort das Kommando oder Signal zum Gradeausreiten oder Halten, letzteres geschieht in der Regel erst, nachdem eine kurze Strecke gradeaus geritten ist.

Geringere Frontveränderungen werden ohne Kommando nach den Anweisungen des Eskadronchefs an den Führer des Richtungszuges ausgeführt; letzterer behält das Tempo bei.

[§ 83.] Zurückgehen in Linie.

„Eskadron — mit Zügen rechts- (links-) umkehrt schwenkt — (Gangart)!"

Die Züge schwenken in sich Kehrt, wobei die äußeren Flügel das Tempo halten, die Unteroffiziere der inneren auf der Mittelhand wenden. Der schließende Offizier und der Wachtmeister begeben sich um denjenigen Flügel der Eskadron, auf welchem die Trompeter nicht reiten; die letzteren schwenken für sich.

Auf Signal „Front" wird mit Zügen rechtsumkehrt geschwenkt.

[B.] **Uebergang aus der Linie in die Kolonne.**

[§ 84.] Aus der Linie in die Zugkolonne.

[1.] Durch Abbrechen.

„Eskadron — mit Zügen rechts (links) bricht ab — (Gangart)!"

Der Führer des betr. Flügelzuges wiederholt, wenn die Gangart zu verändern ist, das Ausführungskommando.

Folgende Zugführer: aus dem Trabe oder Galopp „Schritt!"; sobald das 2. Glied des Vorderzuges vorbei ist „Halbrechts (-links)!", und, eine Pferdelänge weiter, „(Gangart)!" des Abbrechens. — Beim Abbrechen aus dem Schritt in unveränderter Gangart kommandiren die hinteren Zugführer zunächst „Halt!" — Wenn die abbrechenden Züge Vordermann haben, so erfolgt das „Gradeaus!" der Zugführer.

[2.] Durch Abschwenken.

„Eskadron — mit Zügen rechts (links) schwenkt — (Gangart)!"

Geht hierbei dem Kommando zum Ausführen der Schwenkung „Der nte Zug gradeaus!" voran, so reitet der nte Zug gradeaus, alle übrigen Züge folgen ihm durch Hakenschwenkung auf das „Schwenkt — Marsch!" und „Gradeaus!" ihres Zugführers, der dem Tetenzuge nächste Zug beginnt die Schwenkung sofort und bemißt den Kreisbogen klein.

[§ 85.] **Aus der Linie in die Halbkolonne.**

[1.] Durch Abbrechen.

„Eskadron — in Halbkolonne mit Zügen rechts (links) brecht ab — (Gangart)!"

Nach Anleitung von [§ 84, 1] und [§ 67].

[2.] Durch Abschwenken.

[a.] „Eskadron — mit Zügen halbrechts (halblinks) schwenkt — (Gangart)!"

[b.] „Eskadron — mit Zügen dreiachtelrechts (dreiachtellinks) schwenkt — (Gangart)!"

[C.] **Uebergang aus einer Kolonne in die andere.**

[§ 86.] **Aus der Zugkolonne in die Halbkolonne.**

[1.] Durch Herausziehen.

„Eskadron — in Halbkolonne halbrechts (halblinks) — (Gangart)!"

Der Tetenzug bleibt gradeaus; die Führer der folgenden kommandiren: „Halbrechts (Halblinks) — (Gangart)!" und sobald sie Platz haben: „Gradeaus!"

Aus dem Schritt im Trabe; aus stärkeren Gangarten in unveränderter Gangart, welche die sich herausziehenden Züge ohne Kommando verstärken!

[2.] Durch Abschwenken. Mittelst Halb- oder Dreiachtelschwenkung mit Zügen, nach [§ 85, 2, a, b].

[§ 87.] **Aus der Halbkolonne in die Zugkolonne.**

[1.] Durch Vorderrichtung.

„Eskadron — auf Vorderrichtung — (Gangart)!"

Der Führer des Tetenzuges wiederholt, wenn die Gangart verändert werden soll, das Ausführungskommando. Die Führer der folgenden Züge kommandiren: „Halbrechts (Halblinks) — (Gangart)!", demnächst „Gradeaus!"

Aus dem Schritt im Trabe; aus dem Trabe in unveränderter Gangart oder im Galopp; aus dem Galopp in unverändertem Tempo!

[2.] Durch Abschwenken.

[a.] Kommandos und Ausführung f. [§ 86, 2, a].

[b.] Kommandos und Ausführung f. [§ 86, 2, b].

[§ 88.] **Aus der Zugkolonne in die Marschkolonnen.**

„Eskadron — zugweise zu Dreien (Zweien) rechts (links) abbrechen!"

Führer des Tetenzuges: „Zu Dreien (Zweien) rechts (links) brecht ab — (Gangart)!" Die folgenden Zugführer geben das gleiche Kommando so zeitig, daß die Züge sich unmittelbar aneinander anschließen.

Das Abbrechen zu Dreien geschieht durch Halbrechts (Halblinks). Der betreffende Flügelabmarsch geht gradeaus, die übrigen nehmen im Vorwärtsreiten nach und nach Vorderrichtung. Die Zugführer setzen sich während des Abbrechens auf der Aufmarschseite neben das 1. Glied ihres Tetenabmarsches.

Beim Abbrechen zu Zweien reitet der betreffende Flügel-Unteroffizier gradeaus, der schließende setzt sich neben denselben, das 1. Glied folgt ersterem, das 2. letzterem; der Zugführer setzt sich auf der Aufmarschseite neben den vordersten Flügel-Unteroffizier.

[§ 89.] Aus der Marschkolonne in die Zugkolonne.

[1.] Gleichzeitig.

„Eskadron — in Züge links (rechts) marschirt auf — (Gangart)!"

Rechts abmarschirte Züge marschiren links, links abmarschirte rechts auf. Teten bleiben gradeaus, Zugführer setzen sich vor die Züge, Aufmarsch durch Halblinks (Halbrechts). Die formirten Züge gewinnen auf „(Gangart)!" der Zugführer Zugabstand und gehen dann auf deren Kommando in die „Gangart" der Tete über. Die Zugführer geben das erstere Kommando so früh, daß der hinterste Abmarsch die Gangart nicht zu ändern hat.

[2.] Zugweise.

„Eskadron — zugweise aufmarschiren!"

Führer des Tetenzuges: „Links (rechts) marschirt auf — (Gangart)!" Folgende: An derselben Stelle das gleiche Kommando.

Ausführung wie in [1.]; in nächst stärkerer Gangart, aus dem Galopp in unverändertem Tempo oder (auf Kommando) in „Stärker!"

Kommt häufig beim Entwickeln aus Defilees vor. Ausführungskommando, wenn der letzte Abmarsch im Begriff ist, das Defilee zu verlassen!

[§ 90.] Innerhalb der Marschkolonnen.

[a.] Aus der Kolonne zu Dreien in die Kolonne zu Zweien.

„Eskadron — zu Zweien rechts (links) bricht ab — (Gangart)!"

Aus der rechts (links) abmarschirten Kolonne nur rechts (links)!

Es wird, von der Tete anfangend, nach und nach in die [§ 68, b] und [§ 88] beschriebene Kolonne übergegangen.

In der Regel in keiner stärkeren Gangart als im Trabe! Ist die Kolonne im Trabe, so fallen auf „Marsch!" alle der Tete folgenden Abmärsche in den Schritt, in welchem sie bleiben, bis sie Raum zum Abbrechen haben.

[b.] Aus der Kolonne zu Zweien in die Kolonne zu Dreien.

„Eskadron — zu Dreien — (Gangart)!"

Die Abmärsche formiren sich, indem ihre 1. Glieder in der rechts (links) abmarschirten Kolonne links (rechts) aufmarschiren und ihre 2. sich in der kommandirten Gangart dahinter setzen; dann rücken die Abmärsche in der Gangart des Aufmarsches auf.

Aus dem Halten rückt die Tete eine Pferdelänge im Schritt vor und hält; aus dem Trabe in unveränderter Gangart fällt sie, nachdem sie eine Pferdelänge weiter geritten, in den Schritt.

In keiner stärkeren Gangart als im Trabe!

[D.] **Bewegungen in der Kolonne.**

[§ 92.] Bewegungen in der Zugkolonne.
[1.] Vorwärts.
„Eskadron — (Gangart)!" oder Signal.
Der Führer des Tetenzuges giebt Tempo und Marschrichtung an; die folgenden halten Vordermann auf die Mittelrotte des Vorderzuges.
[2.] Rückwärts.
„Eskadron — mit Zügen Rechts- (Links=) umkehrt schwenkt — (Gangart)!"
[3.] Halbseitwärts.
„Eskadron — Halbrechts (Halblinks) — (Gangart)!" und „Eskadron — Gradeaus!"
Jeder Zug in sich nach [§ 81]. Nur für kürzere Strecken!
Flügel=Abbrechen s. [§ 100].

[§ 93.] Bewegungen in der Halbkolonne.
[1.] Vorwärts.
Kommando 2c. s. [§ 92, 1]. Vgl. auch [§ 67].
Für Halbseitwärts=Bewegungen auf größere Entfernungen.
[2.] und [3.] Rückwärts und seitwärts.
Kommandos 2c. s. [§ 92, 2 und 3].

[§ 94.] Bewegungen in den Marschkolonnen.
[a.] In der Kolonne zu Dreien.
[1.] Vorwärts.
Kommandos 2c. s. [§ 92, 1].
[2.] Rückwärts.
„Eskadron — zu Dreien Rechtsumkehrt (Linksumkehrt) schwenkt — (Gangart)!"
Stets im Schritt! Erfolgt das Kommando aus dem Trabe, so parirt Alles zum Schritt bezw. Halten. Die 1. Glieder wenden nach [§ 76, 4], die 2. schwenken, nach außen überhaltend, mit herum. Die Zugführer machen für sich auswärts Kehrt und setzen sich, auf derselben Seite der Eskadron bleibend, schnell neben die nunmehrige Tete ihres Zuges.
[b.] In der Kolonne zu Zweien.
[1.] Vorwärts.
Kommando 2c. s. [§ 92, 1].
[2] Rückwärts.
„Eskadron — zu Einem Kehrt — (Gangart)!"
Jeder Reiter parirt zum Halten und macht für sich auf der Hinterhand nach außen Kehrt. Ist eine blinde Rotte auf dem linken Flügel des Zuges und ein 2. schließender Unteroffizier nicht vorhanden, so führt der Mann der ersteren eine Schwenkung aus, indem er, während der linke Flügel=Unteroffizier wendet, auf dessen rechter Seite bleibt. Die Zugführer verfahren nach [a, 2].
[c.] Hat die Marschkolonne in einem Defilee eine rückgängige Bewegung ausgeführt, so ist zur Herstellung der ursprünglichen Marschrichtung das Signal „Front!" anwendbar.

[§ 95.] Hakenschwenkungen.

[1.] In der Zugkolonne.

„Tete rechts (links)" oder „halbrechts (halblinks) schwenken!"

Führer des Tetenzuges: „Rechts (links)" oder „halbrechts (halblinks) schwenkt — Marsch!" und „Gradeaus!"

Folgende (nach und nach auf derselben Stelle): „Schwenkt — Marsch!" und „Gradeaus!"

Während der Schwenkung beschreibt der innere Flügel-Unteroffizier einen kreisbogenförmigen Weg — bei der Viertelschwenkung von 1½ Zugbreiten Ausdehnung — indem er im Trabe oder im Galopp das Tempo verkürzt; er sieht in die Vorwärtsbewegung hinein. Der äußere Flügel-Unteroffizier hält das Tempo. Das „Gradeaus!" erfolgt, wenn der äußere Flügel die neue Grundlinie erreicht.

[2.] In den Marschkolonnen.

„Tete rechts (links)" oder „halbrechts (halblinks) schwenkt — Marsch!" und „Gradeaus!"

Der Tetenzug führt die Schwenkung auf das Kommando aus, die übrigen Abmärsche oder Rotten schwenken ohne solches auf derselben Stelle.

[E.] **Uebergang aus der Kolonne in die Linie.**

[§ 96.] Aus der Zugkolonne in die Linie.

[1.] Durch Aufmarsch.

„Eskadron — rechts (links) marschirt auf — (Gangart)!"

Der Tetenzug bleibt gradeaus, die nachfolgenden Zugführer kommandiren: „Halbrechts (Halblinks) — (Gangart)!" und „Gradeaus!"

Beim Aufmarsch aus der Bewegung und in unveränderter Gangart kommandirt der Führer des Tetenzuges, nachdem er nach „Gangart" noch eine Zugbreite fortgeritten, die nächstkürzere „Gangart!"

Die der Tete folgenden Züge gehen nach dem „Gradeaus!" eine Pferdelänge über das 1. Glied des Vorderzuges hinaus; dort wird „Gangart!" bezw. Tempo des Tetenzuges, kommandirt.

Beim Aufmarsch aus dem Halten kommandirt der Führer des Tetenzuges „(Gangart)!", rückt Zugbreite vor, kommandirt „Halt!"; die folgenden kommandiren, sobald sie nach dem „Gradeaus!" für ihre Person in der Höhe des Vorderzuges angelangt sind, „Halt!", rücken in die Linie der Zugführer und kommandiren „Richt — Euch!"

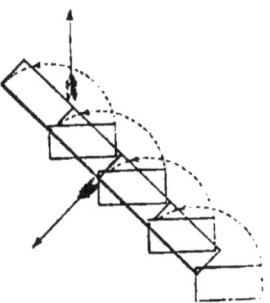

Fig. 23 zu [§ 97, 2 b].
Eskadron aus der Halbkolonne durch Dreiachtel-Schwenken mit Zügen die Linie herstellend.

[2.] Durch Einschwenken.

„Eskadron — mit Zügen rechts (links) schwenkt — (Gangart!)" oder Signal „Front!"

[§ 97.] Aus der Halbkolonne in die Linie.
[1.] Durch Aufmarsch.
Kommando ꝛc. nach [§ 96, 1].
[2.] Durch Einschwenken.
   [a.] „Eskadron — mit Zügen halbrechts (halblinks) schwenkt — (Gangart)!" oder Signal „Front!"
   [b.] „Eskadron — mit Zügen dreiachtelrechts (dreiachtellinks) schwenkt — (Gangart)!" oder Signal „Front!"

[F.] **Lautloses Direktions-Reiten.**

[§ 98.] Die Eskadron muß geübt sein, die vorstehenden Bewegungen auf leises Kommando oder Avertissement des Eskadronchefs ohne Kommando der Zugführer auszuführen, sowie in Bezug auf Gangart, Tempo und Direktion lautlos ihrem Führer nachzureiten. Wenn der Eskadronchef aus größerer Entfernung ihr Winke zukommen läßt, so wird sie vom Führer des Richtungszuges (unter Umständen vom ältesten Offizier) diesen gemäß lautlos dirigirt. Die Zeichen zum lautlosen Nachreiten werden mit dem Seitengewehr (wenn es nicht aufgenommen ist, mit der Hand) durch Hineinweisen in die Direktion gegeben und von den Zugführern wiederholt. Zum Halten werden Seitengewehr, bezw. Hand, gesenkt.

[Vierter Abschnitt.]

Weitere Ausbildung der Eskadron im Terrain.

[§ 99.] Einleitung.
Die betr. Uebungen finden nur im Nothfalle auf dem Exerzirplatze statt.

[§ 100.] Uebungen im Terrain.
Beim Durchreiten von Wäldern soll die Truppe nicht an Tiefe zunehmen, sondern sich möglichst nur seitlich ausbreiten.
Beim Springen verstärkt das 1. Glied kurz vor dem Hindernisse das Tempo etwas, damit das 2. Raum gewinnt und die Pferde sehen; unmittelbar nach dem Sprunge nimmt es das Tempo wieder auf. — Der Eskadronchef avertirt „Graben — Springen!" „Graben — Klettern!" oder dergl., was in der Zugkolonne die Zugführer wiederholen.

Zum Passiren kurzer Defileen, welche nicht ganz Zugbreite haben, avertirt der Eskadronchef (die Zugführer wiederholen) „Flügel — Abbrechen!", worauf von beiden Flügeln die Unteroffiziere und die Rotten, welche nicht Platz finden, sich neben den Führer des nachfolgenden Zuges setzen. Sobald das Terrain es gestattet, avertiren die Zugführer „**Aufmarschiren!**"

Aus den Marschkolonnen kann die Eskadron, wenn ein regelmäßiger Abmarsch nicht ausführbar ist, auf das Kommando des Eskadronchefs „**Rechts (links) Front!**" oder Signal „**Front!**" schnell nach einer Seite entwickelt werden, indem die einzelnen Abmärsche bezw. Rotten sofort schwenken, hinter ihren Zugführern zusammenschließen und die Züge aneinander rücken.

[§ 101.] Eklaireurs sind bestimmt, die Gangbarkeit des Terrains zu untersuchen.

Auf „**Eklaireurs aus dem nten Zuge vor!**" reiten zwei vorher dazu bestimmte Leute so weit vor, als die Augenverbindung mit der Eskadron gestattet. Sie untersuchen das Terrain, in dem letztere sich vorbewegen wird, deuten Hindernisse durch verabredete Zeichen an und machen eventuell Meldung über Bewegungen des Feindes. Geht die Eskadron zur Attacke über, so machen sie die Front frei (eilen nie direkt auf dieselbe zurück). Sie können einem Unteroffizier unterstellt werden. Der einzeln auftretende Eskadronchef kann sie, bis er sie braucht, neben seinem Trompeter reiten lassen.

[§ 102.] Gefechts=Patrouillen (in der Regel 1 Unteroffizier oder Gefreiter und 2 Mann) sollen in den Flanken der Eskadron (auch während der Attacke) beobachten und über Vorkommnisse von Bedeutung Meldung erstatten.

[§ 103.] Flankiren dient zur Abwehr feindlicher Patrouillen und Reiter, daneben zur Beobachtung. Der Eskadronchef avertirt „**Der nte Zug zum Flankiren vor!**" Bestimmt er einen mittleren, so rückt der betr. Flügelzug heran. Das Verhalten des Zuges und die Zahl der Flankeurs richtet sich nach dem Auftrage. Um feindliche Reiter fernzuhalten, bedienen sich die Flankeurs der Schußwaffe. Zum Einziehen der Flankeurs kann der Eskadronchef das Signal „**Appell!**" anwenden.

[Fünfter Abschnitt.]

Exerziren des Regiments.

[Erstes Kapitel.]

Zusammensetzung des Regiments und Beschreibung seiner Formationen.

[§ 104.] Das Regiment besteht aus 4 oder 5 Eskadrons. Die Bestimmungen für das Exerziren desselben finden schon Anwendung, wenn nur 2 oder 3 Eskadrons vereinigt sind.

[§ 105.] Plätze des Regimentskommandeurs 2c.

[3.] Die Eskadronchefs nehmen ihre Plätze auf derselben Seite des Regiments wie der Regimentskommandeur: [a.] bei entwickelter Linie:

30 Schritt von der Mitte der Eskadron; [b.] bei Eskadronskolonnen oder Regimentskolonne nach der Front 10 Schritt über den Führer des Tetenzuges hinaus, in Eskadronskolonnen 10, in der Regimentskolonne 2 Schritt links seitwärts der Eskadron; wird aus diesen Kolonnen die Formation nach der Flanke oder halben Flanke angenommen, so bleiben sie in jenem Verhältnisse zum ursprünglichen Tetenzuge, jedoch stets auf der Frontseite des Regiments; [c.] in der Zug-, der Halb- und den Marschkolonnen 30 Schritt neben der Mitte der Eskadron. Während der Abnahme des Kommandos verändern sie ihre Stellung nicht.

[4.] Wenn seitwärts der Zug- oder Marschkolonne kein Platz vorhanden ist, so reiten die Eskadronchefs an der Tete ihrer Eskadron.

[5.] Will der Regimentskommandeur eine andere Seite als die, auf welcher er sich befindet, zur Frontseite machen, so avertirt er „Eskadronchefs — durch!", was diese wiederholen und ausführen.

[6.] Schließende Offiziere und Wachtmeister bei Eskadrons- und Regimentskolonnen auf der der Front entgegengesetzten Seite hinter ihrer Eskadron.

[7.] Standarte auf dem rechten Flügel der 3. Eskadron, rechts vom Flügel-Unteroffizier. Wird letztere aus dem Regimentsverbande losgelöst, so tritt sie zur nächst erreichbaren geschlossen bleibenden Eskadron.

[§ 107.] Formation in Linie.

Zwischenraum zwischen den Eskadrons 6 Schritt, von Flügel-Unteroffizier zu Flügel-Unteroffizier.

[§ 108.] [1.] Eskadronskolonnen nach der Front: Die Eskadrons, in sich in Zugkolonne formirt, befinden sich mit dem für ihren Aufmarsch in Linie erforderlichen Zwischenraume von 3 Zugbreiten und 6 Schritt nebeneinander, die Tetenzüge alignirt.

[2.] Eskadronskolonnen behalten die Bezeichnung ad [1.]:
  [a.] wenn sie nach der halben Flanke mit Zügen abgeschwenkt haben: „Nach der halben rechten (linken Flanke) abgeschwenkte Eskadronskolonnen";
  [b.] wenn sie nach der ganzen Flanke mit Zügen abgeschwenkt haben, oder wenn aus der Linie nach der Flanke mit Eskadrons geschwenkt worden, oder wenn aus der Zugkolonne in Eskadrons aufmarschirt ist, somit die Eskadrons mit einem Abstande von einer Eskadronsbreite und 6 Schritt sich hintereinander befinden: „Nach der rechten (linken) Flanke abgeschwenkte Eskadronskolonnen."

Richtungseskadron ist die in Direktion der Bewegung vorderste.

[3.] Als Uebergangsmittel innerhalb der Eskadronskolonnen und aus einer Formation in die andere bilden sich
  [a.] z. B. durch Schwenken mit Eskadronsteten nach der halben Flanke 2c.,
  [b.] z. B. durch eine Achtelschwenkung mit Eskadrons aus der Linie, Formationen nach der halben Flanke:
    ad [a.] Halbkolonne in Teten.
    ad [b.] Halbkolonne in Eskadrons.

Richtungseskadron ist die in Direktion der Bewegung vorderste.

In der Halbkolonne in Teten beträgt der Zwischenraum zwischen den Eskadrons von Flügel-Unteroffizier zu Flügel-Unteroffizier 2 Zugbreiten und 2 Schritt; in der Halbkolonne in Eskadrons der Abstand der folgenden von der vorderen Eskadron 3 Zugbreiten und 2 Schritt zwischen den Pferdeköpfen der 1. Glieder. Bei ersterer sind die Tetenzüge der folgenden mit dem letzten der vorderen annähernd alignirt, die Führer der ersteren 2 Schritt hinter der Alignementslinie der Führer der letzteren. Bei der Halbkolonne in Eskadrons bebordiren die folgenden Eskadrons die vordere nach der inneren Seite um 3 Zugbreiten und 2 Schritt, der innere Flügelzug der vorderen deckt im Allgemeinen den äußeren der folgenden.

[§ 109.] [1.] **Regimentskolonnen nach der Front:** Eskadrons in Zugkolonne, mit Zwischenraum von 6 Schritt von Flügel-Unteroffizier zu Flügel-Unteroffizier nebeneinander, Tetenzüge alignirt.

[2.] **Nach der halben rechten (linken) Flanke, bezw. nach der rechten (linken) Flanke abgeschwenkte Regimentskolonne:** Wenn die Kolonne ad [1.] halbseitwärts oder seitwärts mit Zügen abgeschwenkt, oder wenn aus den nach der Flanke abgeschwenkten Eskadronskolonnen aufgerückt ist.

In der Formation nach der ganzen Flanke: schließende Unteroffiziere, ausgenommen hinterste Eskadron, auf die Flügel des 2. Gliedes.

Richtungseskadron ist die in Direktion der Bewegung vorderste.

[§§ 110, 111, 112.] In der Zug-, Halb- oder den Marschkolonnen nimmt der Tetenzug jeder Eskadron 6 Schritt mehr Abstand als die übrigen.

[Zweites Kapitel.]

Richten. Stillsitzen. Rühren. Honneurs bei Gewehr ein. Ab- und Aufsitzen. Griffe. Salutiren.

[§ 113.] **Richten.**

[1.] Richtungseskadron [§§ 52, 69] ist die 3., wenn nicht durch Kommando (von den Eskadronchefs zu wiederholen) eine andere bestimmt ist.

[2.] Soll nach einem Flügel gerichtet werden, so kommandirt der Regimentskommandeur „**Augen — rechts (links)!**" und „**Richten!**"

[3.] Begiebt sich der Regimentskommandeur nach der Mitte oder einem Flügel des Regiments, um die Richtung zu prüfen, so reiten die Eskadronchefs im Galopp nach demjenigen Flügel ihrer Eskadron, von welchem aus sie den Kommandeur und ihre vier Zugführer vor sich haben; kehrt er auf seinen Platz zurück, so thun sie das Gleiche.

[5.] Auf „**Points vor!**" des Regimentskommandeurs rücken die Führer des Richtungszuges der Richtungseskadron und der Flügeleskadrons des Regiments, wenn nicht anders befohlen im Schritt, 2 Pferdelängen oder so weit vor, als durch z. B. „**3 Pferdelängen vor!**" oder durch nebenstehende Truppen bestimmt ist; die Eskadronchefs rücken ebensoweit vor und machen rechtsumkehrt. Auf „**Vorwärts!**" rücken die übrigen Zugführer in derselben Gangart vor und richten sich ein. Auf „**Einrichten!**" kommandiren die Eskadronchefs „**Richt — Euch!**", begeben sich, während die Eskadrons im Schritt an die Zugführerlinie rücken, im Galopp auf den Flügel, prüfen die Richtung und kehren mit dem Kommandeur auf ihre Plätze zurück.

[§ 114.] Zum Stillsitzen, Rühren und zu den Honneurs bei Gewehr ein ertheilt der Regimentskommandeur nach [§ 60] die Kommandos.

[§ 115.] Das Ab- und Aufsitzen wird nach Anleitung von [§ 71] auf die den Avertissements oder Signalen des Regimentskommandeurs folgenden Kommandos der Eskadronchefs zum Absitzen, Lanzen einstecken und Rühren, bezw. „An die Pferde", Aufsitzen und Einrichten ausgeführt.

[§ 116.] Von den Kommandos zu den Griffen [§§ 61, 62] wiederholen die Eskadronchefs nur das zum Lanzenfällen.

Die Standarte wird beim Stillsitzen senkrecht, beim Rühren kann sie am Armriemen geführt werden; beim Salutiren wird mit der rechten Hand der Riemen erfaßt und im ersten Tempo die Spitze soweit gesenkt, als der Arm erlaubt, im zweiten die Standarte in die senkrechte Haltung zurückgebracht.

[§ 117.] Salutiren nach [§ 73]; wird nicht nachkommandirt.

[Drittes Kapitel.]

Bewegungen des Regiments.

[A.] Bewegungen in Linie.

[§ 118.] Marsch in Linie vorwärts.

Auf Kommando des Regimentskommandeurs oder Signal. Die Richtungseskadron giebt Tempo und Marschrichtung an, die anderen halten in sich Fühlung und Richtung. Die Eskadronchefs berichtigen durch Hineinreiten in die Direktion, Hinweisen mit dem Seitengewehr, Kommando, Avertissement.

Fig. 35 zu [§ 120].

Direktionsveränderung der Linie nach der halben rechten Flanke.

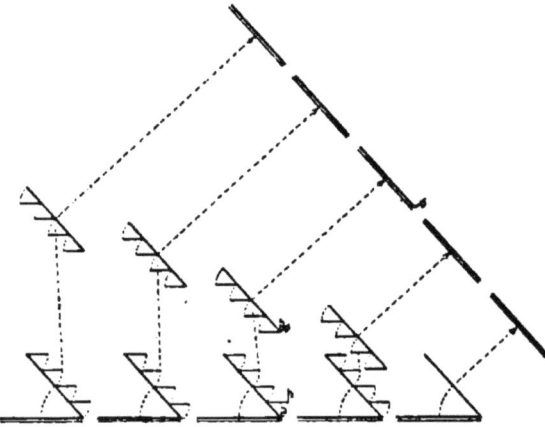

[§ 119.] **Marſch in Linie halbſeitwärts.**
Vermittelſt der Halbkolonne. Kommandos nach [§ 123]; zum Einſchwenken auch Signal „Front!"

Fig. 36 zu [§ 120].

Direktionsveränderung der Linie nach der rechten Flanke durch Aufmarſch nach beiden Seiten.

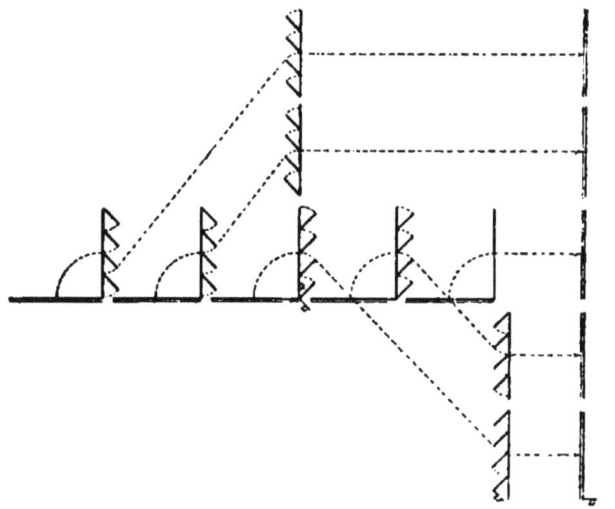

[§ 120.] **Direktionsveränderungen der Linie.**
Geringere ohne Kommando, vgl. [§ 82,5]; größere nach der Flanke oder halben Flanke durch Abſchwenken mit Eskadrons [§ 124, 2, 3] und Aufmarſch [§ 146, 3, 4].

[§ 121.] **Zurückgehen in Linie.**
Durch Umkehrt - Schwenken mit Zügen; Eskadronchefs bleiben hinter der Linie; zum Herſtellen der Front auch: Signal „Front!"

[B.] **Uebergang aus der Linie in die Kolonne.**

[§ 122.] Aus der Linie in die Zugkolonne. Nach [§ 84, 2].

[§ 123.] Aus der Linie in die Halbkolonne. Nach [§ 85, 2, a, b].

[§ 124.] Aus der Linie in Eskadronskolonnen.
[1.] In Eskadronskolonnen nach der Front. Nach [§ 84, 1]; auf Signal in nächſtſtärkerer Gangart und rechts.
[2.] In nach der Flanke abgeſchwenkten Eskadrons= kolonnen. Nach [§ 82]. Ueber Herſtellung der Front [ſ. § 141, 1].
[3.] In Halbkolonne in Eskadrons. Nach [§ 82] (durch Achtelſchwenkung).

[§ 125.] Aus der Linie in die Regimentskolonne. Zuerſt in Eskadrons=, dann nach [§ 126] in die Regimentskolonne.

[C.] **Uebergang aus einer Kolonne in die andere.**

[§ 126.] Aus Eskadronskolonnen in die Regiments=
kolonne.

[1.] Aus den nach der Front formirten Kolonnen durch Zusammenziehen.

„**Regiment — Regimentskolonne formiren!**" oder Signal; oder „**Regiment — auf die nte Eskadron Regiments= kolonne formiren!**"

[a.] Aus der Bewegung: Zusammenziehen an die Richtungs= oder nte Eskadron. Diese geht auf „**Eskadron — (Gangart)!**" bezw. „**Eskadron — Gradeaus!**" in der Gangart, in welcher das Zusammenziehen geschehen soll, gradeaus vor und nimmt die nächst= kürzere Gangart an, sobald bei den beiden nächsten Eskadrons (beim Zusammenziehen an eine Flügeleskadron bei der nächsten) das Kommando „**Gradeaus!**" erfolgt ist. Die anderen Eskadronchefs führen ihre Eskadrons durch „**Halbrechts (Halblinks) — (Gangart)!**" auf 6 Schritt an die Nebeneskadron heran, lassen gradeaus gehen und in der Höhe derjenigen Eskadron, auf welche zusammengezogen wird, deren Gangart annehmen.

[b.] Aus dem Halten: Die Richtungs= (oder nte) Eskadron trabt Zugbreite und 6 Schritt vor, die anderen schwenken nach dieser hin ein Viertel mit Zügen, traben gradeaus und schwenken so in Front, daß sie 6 Schritt Zwischenraum haben (auf Kommandos der Eskadron= chefs).

Fig. 39 zu [§ 126, 1 b].

Regiment (aus dem Halten) aus Eskadronskolonnen nach der Front in die Regimentskolonne zusammengezogen.

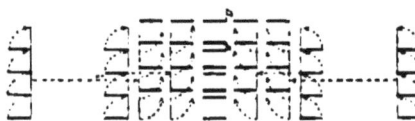

[2.] Aus der Halbkolonne in Teten, sowie aus den nach der halben Flanke abgeschwenkten Eskadronskolonnen durch Zusammenziehen.

„**Regiment — Regimentskolonne formiren!**" oder Signal. Stets an die Richtungseskadron; nur aus der Bewegung. — Die Richtungseskadron fällt in Schritt, sobald die nächste den vorgeschriebenen Zwischenraum erreicht und die Direktion aufgenommen hat; die anderen werden durch Dirigiren der Tete in ihr Verhältniß geführt.

[3.] Aus den nach der Flanke abgeschwenkten Eskadrons= kolonnen durch Aufrücken.

„**Regiment — Regimentskolonne formiren!**" oder Signal.

[a.] Aus der Bewegung: Chef der Teteneskadron läßt, wenn ihm nicht anders befohlen wird, halten, die übrigen führen ihre Eskadrons auf Zugbreite und 6 Schritt heran.

[b.] Aus dem Halten: Chef der Teteneskadron „**Bleibt halten!**", übrige wie ad [a.] Ueber Herstellung der Front s. [§ 141, 1].

[4.] Aus dem Halten und dem Schritt erfolgt das Zusammenziehen und Aufrücken im Trabe, sonst in unveränderter Gangart, falls nicht aus dem Trabe durch Kommando oder Signal „Galopp!" befohlen wird.

Fig. 41 zu [§ 126, 2].
Regiment aus nach der halben rechten Flanke abgeschwenkten Eskadronskolonnen in die Regimentskolonne zusammengezogen.

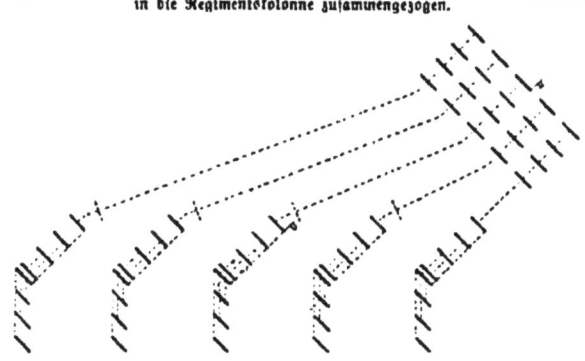

[§ 127.] Aus Eskadronskolonnen in die Zugkolonne.

[1.] Aus den nach der Front formirten Eskadronskolonnen durch Tetenschwenken.

„Regiment — mit Eskadronsteten rechts (links) schwenken!" oder Signal: „Tetenruf!" 2c. oder „Regiment — Zugkolonne rechts (links) formiren!" oder Signal: „Zugkolonne!"

Jeder Eskadronchef läßt die Tetenschwenkung ausführen und nimmt Vorderrichtung. Hat eine Flügeleskadron gradeaus zu bleiben, so kommandirt deren Chef: „Eskadron — Gradeaus!"; die übrigen folgen durch zweimalige Hakenschwenkung.

Auf Signal: „Zugkolonne!" stets nach rechts, die rechte Flügeleskadron bleibt gradeaus.

Fig. 43 zu [§ 127, 1].
Regiment aus Eskadronskolonnen nach der Front in Direktion der rechten Flanke die Zugkolonne formirend.

[2.] Aus der Halbkolonne in Teten, sowie aus den nach der halben Flanke abgeschwenkten Eskadronskolonnen durch Tetenschwenken.
Nur aus der Bewegung.
[a.] Aus der Halbkolonne in Teten.
„Regiment — mit Eskadronsteten halbrechts (halblinks) schwenken!" oder Signal: „Tetenruf!" oder „Regiment — Zugkolonne formiren!" oder Signal: „Zugkolonne!"

[b.] **Aus den nach der halben Flanke abgeschwenkten Eskadronskolonnen.**

„**Regiment — Zugkolonne formiren!**" oder Signal.

Nach [1.]. — Auf Signal: „Zugkolonne!" bleibt die Richtungseskadron grabeaus.

[3.] **Aus den nach der Flanke abgeschwenkten Eskadronskolonnen durch Abbrechen.**

„**Regiment Zugkolonne formiren!**" oder Signal.

Nach [§ 84, 1]. — In nächststärkerer Gangart und rechts!

[§ 128.] Für anderweite Bewegungen innerhalb der Eskadronskolonnen wird dem Kommando erforderlichen Falles „**in Eskadrons!**" hinzugefügt, bezw. für die Aufmärsche in Eskadrons das Signal „**Aufmarsch in Eskadrons!**" angewandt.

Der Uebergang aus der Halbkolonne in Teten oder aus den nach der halben Flanke abgeschwenkten Eskadronskolonnen zu Eskadronskolonnen nach der Front erfolgt, wenn die Direktion beibehalten werden soll, auf „**Regiment — Eskadronskolonnen formiren!**" oder Signal: „Formation der Eskadronskolonnen."

[§ 129.] **Aus der Regimentskolonne in Eskadronskolonnen.**

[1.] **Aus der nach der Front formirten Regimentskolonne durch Auseinanderziehen.**

„**Regiment — Eskadronskolonnen formiren!**" oder Signal, oder „**Regiment — auf die nte Eskadron Eskadronskolonnen formiren!**"

[a.] Aus der Bewegung: Die Richtungs- oder die nte Eskadron geht auf „**Eskadron — (Gangart)!**" bezw. „**Eskadron — Gradeaus!**" vor und in die nächstkürzere Gangart über, sobald bei den beiden nächsten, bezw. der nächsten Eskadron „Gradeaus!" erfolgt ist; die anderen gewinnen durch Halbrechts (Halblinks) den Zwischenraum und nehmen in der Höhe der Richtungs- bezw. nten Eskadron deren Gangart an.

[b.] Aus dem Halten: Die Richtungs- oder nte Eskadron trabt Zugbreite und 6 Schritt vor; die anderen schwenken ein Viertel mit Zügen aus, gewinnen Zwischenraum, schwenken Front.

Fig. 49 zu [§ 129, 1 b].

Regiment (aus dem Halten) aus der Regimentskolonne nach der Front zu Eskadronskolonnen auseinandergezogen.

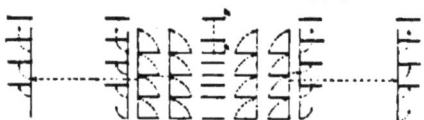

[2.] **Aus der nach der halben Flanke abgeschwenkten Regimentskolonne durch Auseinanderziehen.**

Nur aus der Bewegung.

„**Regiment — Eskadronskolonnen formiren!**" oder Signal.

Auf die Richtungseskadron, welche entsprechend [1, a] verfährt; die anderen Eskadrons werden durch Direktion der Tete in ihr Verhältniß geführt.

Fig. 50 zu [§ 129, 2].
Regiment aus der nach der halben rechten Flanke abgeschwenkten Regimentskolonne zu Eskadronskolonnen auseinandergezogen.

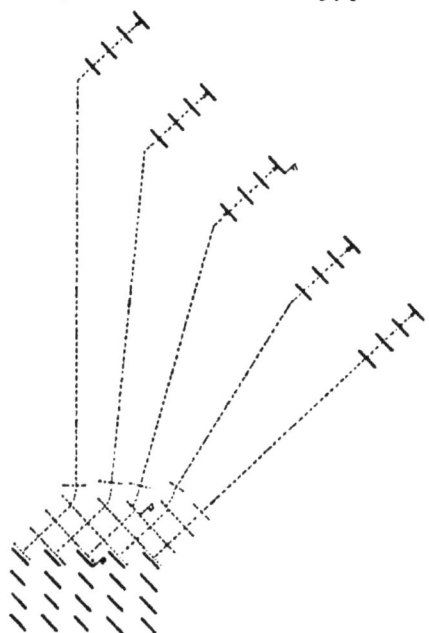

[3.] Aus der nach der Flanke abgeschwenkten Regimentskolonne durch Abstandnehmen.
„**Regiment — Eskadronskolonnen formiren!**" oder Signal.
[a.] Aus der Bewegung.
Chef der Teteneskadron: „**Eskadron — (Gangart)!**" oder, wenn ein Wechsel darin nicht eintritt, „**Eskadron — Gradeaus!**"
Uebrige Eskadronchefs: „**Eskadron — Halt!**" und — auf Eskadronsbreite und 6 Schritt — „(Gangart!)"
[b.] Aus dem Halten: Chef der Teteneskadron läßt anreiten, die anderen kommandiren zunächst „**Bleibt halten!**", darauf wie ad [a.].
[4.] Die Formation der Eskadronskolonnen durch Auseinanderziehen und Abstandnehmen geschieht aus dem Halten im Trabe, aus dem Schritt oder dem Trabe in nächststärkerer Gangart, aus dem Galopp in unverändertem Tempo.
Durch Kommando oder Signal können andere Gangarten befohlen werden.

[§ 130.] Aus der Regimentskolonne in die Zugkolonne.
[1.] Aus der nach der Front formirten Regimentskolonne durch Abbrechen mit Eskadrons.
„**Regiment — Zugkolonne formiren!**" oder Signal.

Chef der betreffenden Flügeleskadron, wenn das Abbrechen aus dem Halten oder in stärkerer Gangart geschieht: „**Eskadron—(Gangart)!**"; die übrigen kommandiren aus der Bewegung „**Eskadron — Halt!**" und folgen mittelst Halbrechts (Halblinks).

Fig. 52 zu [§ 130, 1.]
Regiment aus der Regimentskolonne nach der Front die Zugkolonne formirend.

[2.] **Aus der nach der halben Flanke abgeschwenkten Regimentskolonne durch Abbrechen mit Eskadrons.** Nach [1.].
Nur aus der Bewegung.

[3.] **Aus der nach der Flanke abgeschwenkten Regimentskolonne durch eskadronsweises Abbrechen mit Zügen.**
„**Regiment — Zugkolonne formiren!**" oder Signal.
Chef der Teteneskadron läßt nach [§ 84, 1] abbrechen, die übrigen folgen; aus der Bewegung kommandiren sie zunächst „**Eskadron — Halt!**", sobald der Eskadronchef der Tete das Ausführungskommando zum Abbrechen giebt.

[4.] Zur Herstellung der Zugkolonne wird rechts, aus der nach der halben Flanke abgeschwenkten Regimentskolonne dagegen mit der Richtungseskadron beginnend, abgebrochen; aus dem Halten im Trabe, aus dem Schritt und dem Trabe in nächststärkerer Gangart, aus dem Galopp in unverändertem Tempo.
Durch Kommando oder Signal können andere Gangarten befohlen werden.

[§ 131.] **Aus der Zugkolonne in Eskadronskolonnen.**
[1.] Vorwärts durch Tetenvorziehen.
„**Regiment — Eskadronskolonnen links (rechts) formiren!**" oder Signal.
Chef der Teteneskadron: rückt um Eskadronsbreite, aus dem Schritt im Trabe, sonst in unveränderter Gangart, vor und geht dann, wenn er nicht anders avertirt wird, in den Schritt über. Aus dem Halten rückt er ebenfalls Eskadronsbreite im Trabe vor und hält dann. Die übrigen Eskadrons werden durch Dirigiren der Teten in ihr Verhältniß geführt.

Erlaubt das Terrain das gleichzeitige Vorziehen nicht, so rückt die Teteneskadron nach Bedarf vor, ehe sie in den Schritt, bezw. die avertirte Gangart fällt. Das Vorziehen geschieht in nächststärkerer Gangart, aus dem Galopp in unverändertem Tempo, auf Signal nach beiden Seiten.
Durch Kommando oder Signal können andere Gangarten befohlen werden.

[2.] **In Direktion der halben Flanke durch Tetenschwenken und Tetenvorziehen.** (Figur s. umstehend.)
Nur aus der Bewegung!

— 45 —

„Regiment — mit Eskadronsteten halbrechts (halblinks) schwenken!" oder Signal: „Tetenruf!" und demnächst: „Regiment — Eskadronskolonnen formiren!" oder Signal.

Die Eskadronskolonnen werden auf die Richtungseskadron auseinander= und vorgezogen. Die Richtungseskadron behält ihre Gangart bei und fällt in den Schritt, sobald die nächste Eskadron den vorgeschriebenen Zwischenraum erreicht und die Direktion aufgenommen hat. Die anderen Eskadrons werden durch Dirigiren der Tete — in nächststärkerer Gangart, aus dem Galopp in unverändertem Tempo — in ihr Verhältniß geführt.

Fig. 56 zu [§ 131, 1].
Regiment aus der Zugkolonne vorwärts nach und nach die Eskadronskolonnen links formirend.

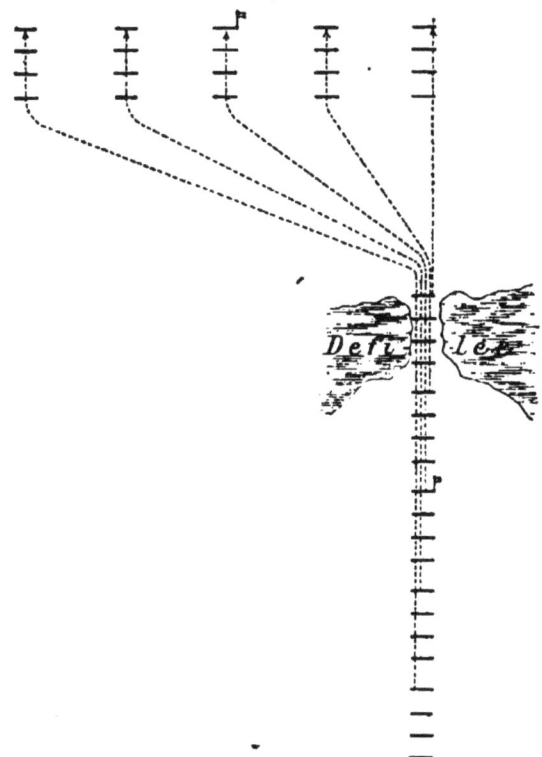

[3.] Seitwärts durch Tetenschwenken. (Figur s. umstehend.)

„Regiment — mit Eskadronsteten rechts (links) schwenken!" oder Signal: „Tetenruf!".

Jeder Eskadronchef verfährt nach [§ 95, 1].

[4.] In die nach der Flanke abgeschwenkten Eskadronskolonnen durch Aufmarsch.

[a.] „**Regiment — in Eskadrons aufmarschiren!**" oder Signal: „**Aufmarsch in Eskadrons!**"
Links, in nächststärkerer Gangart, bezw. verstärktem Galopp.
[b.] „**Regiment — eskadronsweise aufmarschiren!**" oder, falls der successive Aufmarsch durch das Terrain bedingt wird, Signal: „**Aufmarsch in Eskadrons!**"
Nach und nach; sonst wie ad [a.]; Ausführungskommando der Eskadronchefs: sobald der letzte Zug das Defilee verläßt.

Fig. 57 zu [§ 131, 2]. Fig. 58 zu [§ 131, 3].
Regiment aus der Zugkolonne in Direktion der halben rechten Flanke die Eskadronskolonnen formirend.   Regiment aus der Zugkolonne rechts seitwärts Eskadronskolonnen formirend.

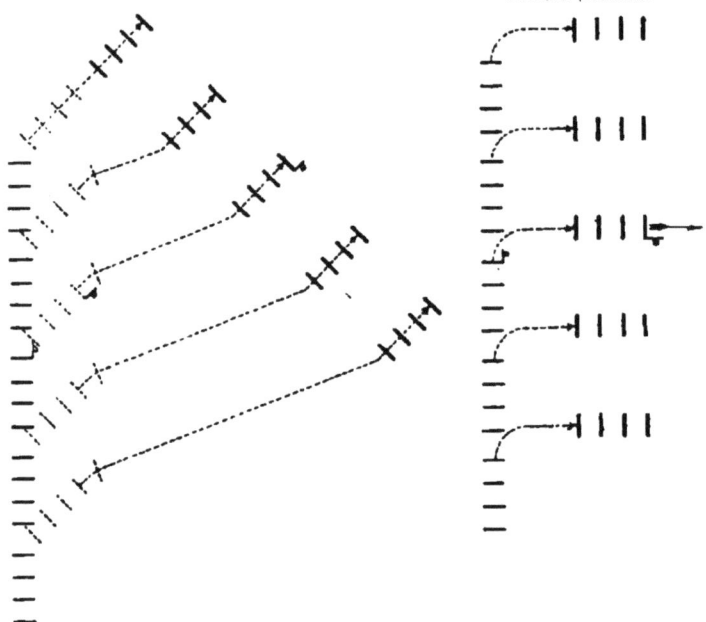

Fig. 59 zu [§ 131, 4.]
Regiment aus der Zugkolonne die nach der rechten Flanke abgeschwenkten Eskadronskolonnen formirend.

[§ 132.] Aus der Zugkolonne in die Regimentskolonne.
„**Regiment — Regimentskolonne rechts (links) formiren!**" oder Signal.

— 47 —

Chef der Teteneskadron wie [§ 131, 1]; die anderen werden durch Dirigiren der Teten in ihr Verhältniß geführt.

Erlaubt das Terrain das gleichzeitige Vorziehen nicht, so rückt die Teteneskadron nach Bedarf vor.

Aus dem Halten und dem Schritt im Trabe, aus dem Trabe und Galopp in unveränderter Gangart, bezw. Tempo; Tempo-Abweichungen werden durch Kommando oder Signal befohlen. Auf Signal: „Nach beiden Seiten!"

[§§ 133 und 134.] Die Uebergänge aus der Zugkolonne in die Halbkolonne und aus der Zugkolonne in die Marschkolonne werden von allen Eskadrons gleichzeitig nach [§ 86, 2, a, b] bezw. [§ 88] ausgeführt.

[§ 135.] Aus der Halbkolonne in Eskadronskolonnen.

„Regiment — Eskadronskolonnen formiren!" oder Signal.
Ausführung entsprechend [§ 131, 2].

Fig. 62 zu [§ 135].
Regiment aus der Halbkolonne die Eskadronskolonnen formirend.

Fig. 63 zu [§ 136].
Regiment aus der Halbkolonne die Regimentskolonne formirend.

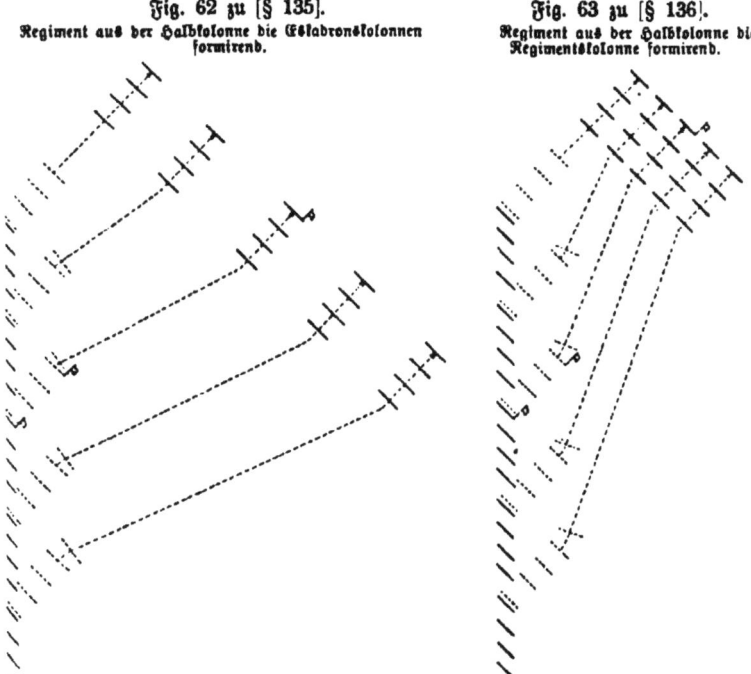

[§ 136.] Aus der Halbkolonne in die Regimentskolonne.
„Regiment — Regimentskolonne formiren!" oder Signal.
Ausführung entsprechend [§ 126, 2].

[§ 137.] Aus der Halbkolonne in die Zugkolonne.
[a.] „Regiment — mit Zügen halbrechts (halblinks) schwenken!" oder Signal.

Wird „Tete gradeaus!" vorhergeschickt, so wiederholt es der Chef der Teteneskadron; das Regiment führt in der Zugkolonne eine Hakenschwenkung aus. Auf das Signal „Formation der Zugkolonne" bleibt der Tetenzug stets gradeaus.

[b.] „Regiment — mit Zügen dreiachtelrechts (dreiachtellinks) schwenken!"

[§ 138.] Aus den Marschkolonnen in die Zugkolonne, in die Eskadronskolonnen und die Regimentskolonne.

[1.] In die Zugkolonne.
„Regiment — Zugkolonne formiren!" oder Signal.
Die hinteren Eskadrons rücken, wenn ihr letzter Zug aufrückt, ohne daß dieser die Gangart zu verändern hat, in der Gangart des Aufmarsches an die vor ihnen befindliche Eskadron heran.

[2.] In Eskadronskolonnen.
„Regiment — Eskadronskolonnen links (rechts) formiren!" oder Signal.
Die Eskadrons stellen in sich die Zugkolonne her und verfahren dann, ohne daß im Regiment aufgerückt wird, nach [§ 131, 1].

[3.] In die Regimentskolonne.
„Regiment — Regimentskolonne links (rechts) formiren!" oder Signal.
Zunächst wie ad [2.], dann, ohne daß im Regiment aufgerückt wird, nach [§ 132].

In allen drei Fällen kann die Entwickelung auch nach und nach geschehen. Herstellung der Zugkolonnen in nächststärkerer Gangart, aus dem Galopp in unverändertem Tempo; der weitere Uebergang ad [1.] und [2.] in gleicher Weise; ad [3.] aus dem Trabe und dem Galopp in unveränderter Gangart.

[§ 139.] Innerhalb der Marschkolonnen geschieht das Abbrechen aus Dreien zu Zweien nach [§ 90, a], das Aufmarschiren aus Zweien zu Dreien nach [§ 90, b], worauf die formirten Eskadrons in der Gangart des Aufmarsches aufrücken.

[D.] **Bewegungen in der Kolonne.**

[§ 140.] Marsch in Kolonne vorwärts.
„Regiment — Gangart!" oder Signal.

[§ 141.] Marsch in Kolonne seitwärts und halbseitwärts.
[1.] Seitwärts- und Halbseitwärts-Bewegungen in Eskadronskolonnen und der Regimentskolonne werden durch Viertel-, Achtel- oder Dreiachtelschwenkung mit Zügen, sowie durch „halbrechts" („halblinks") ausgeführt; in Eskadronskolonnen außerdem durch Achtel- oder Viertelschwenkung mit Teten.

Während der Bewegung seitwärts und halbseitwärts giebt diejenige Eskadron die Richtung an, nach welcher hin die Bewegung stattfindet.

Zur Beendigung der durch Abschwenken mit Zügen bewirkten Bewegung wird auf Kommando oder Signal zur Schwenkung mit Zügen oder Signal: „Front!" die ursprüngliche Kolonne hergestellt.

[2.] Auch in der Halbkolonne kommt die Bewegung seitwärts, dem für die Eskadron Festgesetzten entsprechend, zur Anwendung.

[§ 142.] Zurückgehen in Kolonne.

In allen Kolonnen von mindestens Zugbreite.

„**Regiment — mit Zügen rechts= (links=) umkehrt schwenken!**" oder Signal.

Zur Herstellung der ursprünglichen Marschrichtung ist in den Eskadrons= und der Regimentskolonne das Signal „Front!" anwendbar.

Fig. 64 zu [§ 144, 2].

Regiment in Eskadronskolonnen nach der Front eine Direktionsveränderung nach der rechten Flanke ausführend.

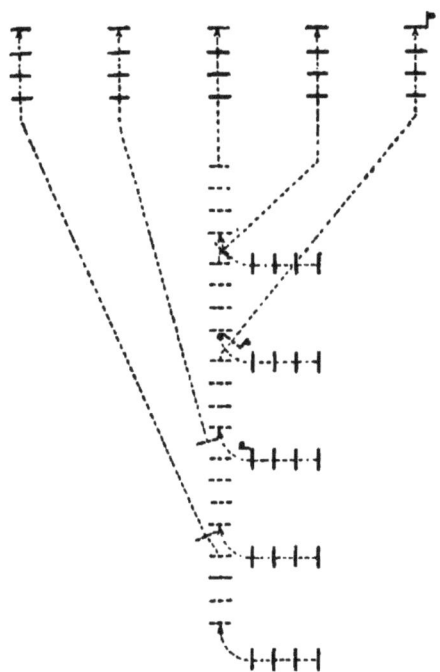

[§ 143.] Hakenschwenkungen.

[1.] In der Zugkolonne.

„**Tete rechts (links) oder halbrechts (halblinks) schwenken!**"
Nur der Chef der Teteneskadron kommandirt nach.

[2.] In den nach der Flanke abgeschwenkten Eskadrons=
kolonnen.

Kommando wie ad [1.]; Chef der Tetenestabron nach [§ 82]; übrige nach und nach „Schwenkt — Marsch!" und „Geradeaus!"

[§ 144.] **Direktionsveränderungen in Eskadronskolonnen.**

[1.] In der Regel ohne Kommando, indem der Regimentskommandeur der Richtungseskadron die Direktion bezeichnet und die anderen diese aufnehmen; sie behält das Tempo, die anderen verstärken, verkürzen oder verändern die Gangart. Ausführung auf Kommandos der Eskadron=
chefs. Bei Direktionsveränderungen nach rückwärts ist den Eskadron=
chefs gestattet, vorzureiten, um ihre vorderen Züge zu dirigiren.

[2.] Direktionsveränderungen nach der ganzen Flanke: auch durch Herstellen der Zugkolonne und Tetenvorziehen (Figur s. S. 273).

[§ 145.] **Direktionsveränderungen in der Regiments=
kolonne.**

[1.] Geringere ohne Kommando; der Richtungs= oder Tetenestabron wird die Direktion bezeichnet, die anderen nehmen sie auf. Vorreiten der Chefs nach [§ 144, 1].

[2.] Schwenkung der nach der Front formirten Regiments=
kolonne.

„Tete rechts (links) oder halbrechts (halblinks) schwenken!"
und „Geradeaus!"

Eskadronchefs: „Tete — im Regiment 2c. schwenkt — (Gang=
art)!"

Fig. 65 zu [§ 145, 2].
Regiment in Regimentskolonne nach der Front halbrechts schwenkend.

Fig. 66 zu [§ 145, 3].
Regiment in nach der rechten Flanke abge=
schwenkter Regimentskolonne links schwenkend.

 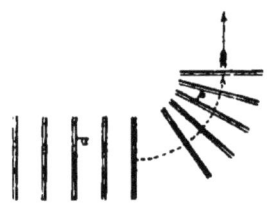

Die Zugführer kommandiren nicht, die Tetenzüge schwenken wie eine Eskadron in Linie, der innere Kreisbogen wird jedoch etwas größer bemessen. Zur Beendigung der Schwenkung „Geradeaus!", von den Eskadronchefs, nicht von den Zugführern, zu wiederholen. Die folgenden Züge schwenken nach und nach, indem sie nach dem äußeren Flügel überhalten.

[3.] Schwenkung der nach der Flanke abgeschwenkten Regimentskolonne.

„Tete rechts (links)" oder „halbrechts (halblinks) schwenken!"

Tetenesfabron nach [§ 82], innere Kreisbogen etwas größer; folgende schwenken nach und nach, nach dem äußeren Flügel überhaltend, auf „**Schwenkt — Marsch!**" des Eskadronchefs, welchem „**Grade-aus!**" folgt.

[E.] **Uebergang aus der Kolonne in die Linie.**

[§ 146.] Aus Eskadronskolonnen in die Linie.

[1.] Aus den nach der Front formirten Eskadronskolonnen.

„**Regiment — aufmarschiren!**" oder Signal: „Aufmarsch im Regiment!"

Auf Signal wird links aufmarschirt.

Fig. 67 zu [§ 146, 1].

Regiment aus Eskadrons-Kolonnen nach der Front die Linie vorwärts herstellend.

[2.] Aus den nach der halben Flanke abmarschirten Eskadronskolonnen.

„**Regiment — in Eskadrons aufmarschiren!**" oder Signal: „Aufmarsch in Eskadrons!"

Demnächst „**Regiment — aufmarschiren!**" oder Signal: „Aufmarsch im Regiment!"

Durch den ersten Aufmarsch wird die Halbkolonne in Eskadrons hergestellt, beim zweiten wird nach [3.] verfahren.

[3.] Aus den nach der Flanke abgeschwenkten Eskadronskolonnen (vgl. Figur 35).

„**Regiment — links (rechts) aufmarschiren!**" oder Signal.

Die Tetenesfabron wird aus dem Halten im Trabe, sonst in unveränderter Gangart, Eskadronsbreite vorgeführt, und geht dann aus dem Trabe oder Galopp in Schritt, bezw. bleibt im Schritt beim Aufmarsch auf dem Schritt, hält bei dem aus dem Halten. Die Uebrigen schwenken halbrechts (halblinks), gehen seitwärts, bis sie Raum zum Einrücken haben, schwenken $1/8$, rücken in die Höhe der Nebeneskadron und nehmen deren Gangart an. Aus dem Halten halten sie in der Höhe des 2. Gliedes derselben; die Zugführer rücken in die Linie der Zugführer, die Eskadron auf „**Richt — Euch!**" an jene heran.

[4.] Aus der Halbkolonne in Eskadrons (vgl. Figur 35).

Nach [3.]. — Gangarten auf Signal nach [§ 57, 6]. Soll in [2.], [3.], [4.] die Tete die Gangart beibehalten oder halten, so ist sie zu avertiren; die übrigen richten sich danach.

[§ 147.] Aus der Regimentskolonne in die Linie.

[1.] Aus der nach der Front formirten Regimentskolonne.

[a.] Vorwärts.

Uebergang in Eskadronskolonnen, dann Aufmarsch.

Erfolgt, ehe die Eskadronskolonnen alignirt sind, „**Aufmarschiren!**" oder Signal, so marschiren die Eskadrons einzeln auf, und zwar die, auf welche auseinandergezogen wird, sobald sie den Entwickelungsraum hat, die anderen, sobald sie die Halbseitwärts=Bewegung beendet haben. Diese aligniren sich dann mit jener, welche weiter avertirt wird.

[b.] Nach der Flanke.

„**Regiment — nach der (rechten) linken Flanke deployiren!**" oder Signal.

Immer auf diejenige Eskadron, welche sich auf der Seite der neuen Frontlinie befindet! Auf diese Seite begiebt sich der Regiments=kommandeur. Der Chef der betr. Eskadron läßt einschwenken und zum Schritt übergehen (beim ausnahmsweisen Deployiren aus dem Halten halten); die anderen führen die ihrigen grabeaus, bis sie Raum zum Einrücken in die Linie haben, und lassen dann zur Front einschwenken. Im Uebrigen nach [§ 146, 3].

Fig. 68 zu [§ 147, 1b].   Fig. 69 zu [§ 147, 2].

Regiment aus der Regimentskolonne nach der Front die Linie nach der rechten Flanke herstellend.   Regiment (aus dem Halten) aus nach der rechten Flanke abgeschwenkter Regimentskolonne die Linie herstellend.

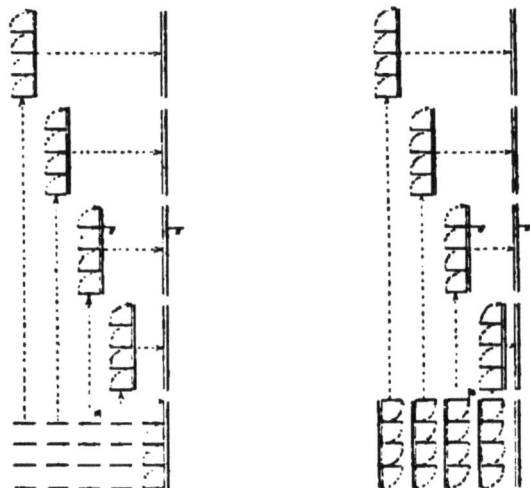

[2.] Aus der nach der Flanke abgeschwenkten Regiments=kolonne.

„**Regiment — rechts (links) deployiren!**" oder Signal. Chef der Tetenestkadron „**Bleibt halten!**" oder „**Eskadron — Schritt!**" je nachdem die Kolonne sich im Halten oder in der Bewegung befand, sobald bei den deployirenden die Kommandos zum Abschwenken ertheilt sind. Die anderen schwenken mit Zügen und verfahren weiter nach [1, b].

Auf Signal wird nach beiden Seiten deployirt.

[3.] Deployiren aus der Regimentskolonne auf Signal: aus dem Halten im Trabe, aus der Bewegung in nächststärkerer Gangart, aus dem Galopp in unverändertem Tempo. Soll die Eskadron, auf welche deployirt wird, anders verfahren, so wird sie avertirt, die deployirenden richten sich nach ihr.
[§ 148.] Aus der Zugkolonne in die Linie.
[1.] Durch Aufmarsch.
Zunächst in Eskadrons, dann im Regiment.
[2.] Durch Einschwenken.
[§ 149.] Aus der Halbkolonne in die Linie.
[1.] Durch Aufmarsch.
Zunächst in Eskadrons, dann im Regiment.
[2.] Durch Einschwenken.
[F.] Lautloses Direktionsreiten: nach [§ 98].

[Sechster Abschnitt.]

Weitere Ausbildung des Regiments im Terrain.

[§ 151.] Uebungen zur weiteren Ausbildung des Regiments im Terrain.

Enthält eine Erweiterung der in [§ 151] mitgetheilten Vorschriften.

[Siebenter Abschnitt.]

Ausbildung der Brigade.

[§§ 152—159.] Die Brigade (2—4 Regimenter) kann als Glied (Treffen) einer Kavallerie-Division verwendet werden, oder selbstständig auftreten. — Wenn der Brigadekommandeur eine Bewegung nicht einheitlich in der Brigade ausführen lassen will, so avertirt er „In Regimentern!" — Die Regimenter haben in der Linie einen Zwischenraum von 15 Schritt zwischen den Flügel-Unteroffizieren; in Eskadronskolonnen drei Zugbreiten und 15 Schritt; in Regimentskolonnen den Zwischenraum für das Auseinanderziehen auf diejenige Eskadron, welche der Regel nach beim selbstständigen Regiment die Richtung angiebt; in Brigadekolonne von 15 Schritt; in Zugkolonne einen Abstand, welcher 15 Schritt mehr beträgt als der Zugabstand; in Halbkolonne einen Abstand, welcher letzterem entspricht; in den Marschkolonnen von 15 Schritt. — Wenn nicht anders bestimmt ist, so ist diejenige Eskadron des zweiten Regiments (vom rechten Flügel, bezw. von der Tete) die Richtungseskadron, welche sich unmittelbar neben dem ersten befindet; in den Formationen nach der halben und ganzen Flanke ist es die vorderste. — Das Auseinanderziehen aus der Brigade zu Regimentskolonnen bezw. Zusammenziehen aus letzteren zu ersterer geschieht auf dasjenige Regiment, welchem die Richtungseskadron angehört. — Die Eskadronskolonnen werden aus der Brigadekolonne auf die Richtungseskadron der Brigade, aus den Regimentskolonnen auf diejenigen Eskadrons auseinandergezogen, welche ihre Richtungseskadrons sein würden; beim Zusammenziehen wird entsprechend verfahren.

[Achter Abschnitt.]

Die Attacke.

[Erstes Kapitel.]

Anwendung und Ausführung der Attacke.

[§ 160.] Gesichtspunkte für Ausführung der Attacke.

Auf Kavallerie: Festgeschlossen, Anrann mit vollster Kraft; wo möglich, wenn der Feind in der Entwickelung oder im Evolutioniren begriffen ist.

Auf Infanterie: Wenn nicht verdeckte Annäherung oder Ueberraschung möglich ist, muß aus großer Entfernung zum Galopp übergegangen werden; Flanke und Front des Feindes sind gleich stark; daher den kürzesten Weg. Gegen weniger erschütterte Infanterie ist Gliederung in die Tiefe geboten; daher zwei, wo möglich drei Treffen, mit Abstand von 200 Schritt.

Auf Artillerie: Flankenangriff vortheilhaft, gleichzeitig gegen die Bedeckung. Zum Frontalangriff ein vorderes eingliedriges Treffen, welchem auf etwa 200 Schritt geschlossene Eskadrons mit größeren Intervallen folgen.

[§ 161.] Formation zur Attacke.

Die einzelne Eskadron attacirt in der Regel gleichzeitig. — Das Regiment meist ebenso, doch kann es eine Eskadron als Echelon anhängen; Flügeleskadrons haben oft Gelegenheit, selbstständig zu handeln. Auch wendet das Regiment die „Echelon-Attacke" [§ 162] an.

[§ 162.] Bestimmungen über Einübung und Ausführung der Attacke.

Beim Uebergange zur Attacke: Avertissement „Zur Attacke!"; zum Chok: Kommando und Signal „Marsch! Marsch!"

Auf letzteres Auslage vorwärts, bezw. Lanzen vom 1. Gliede wagerecht, vom 2. und den Reitern hinter den Zugführern bis zur Höhe des Czapka gefällt. Einbruch unter „Hurrah!"

Zur Echelon-Attacke avertirt der Regimentskommandeur „Echelon-Attacke!" Wenn auf dem Uebungsplatze das Angriffsobjekt nicht bezeichnet ist, so wird sie von den nachfolgenden Echelons in Höhe der vorderen bewirkt.

Uebergang in die eingliedrige Formation: „Mit Intervalle von 1 (2, 3) Schritt ein Glied formirt!" Das 1. Glied zieht sich so weit rechts und links auseinander, daß das 2. mit der bezeichneten Intervalle links eindoubliren kann. Zugführer doppelten Abstand! Fühlung nach der Mitte der Züge!

Bei den Uebungen wird zur Beendigung der Attacke in Trab und zur Darstellung des Handgemenges [§ 165] übergegangen, welchem Sammeln oder Verfolgung ꝛc. folgt.

Wenn das Vorgehen zur Attacke nicht in Linie geschieht, so wird die Lanze auf die Lende genommen.

[Zweites Kapitel.]

Aufgelöste Ordnung und Sammeln.

[§ 163.] Nach dem Einbruch: aufgelöste Ordnung, sowohl im Handgemenge wie bei der Verfolgung.

[§ 164.] Nimmt der Gegner die Attacke nicht an, und es erfolgt das Avertissement „Nachhauen!", so kommandirt der Eskadronchef bezw. Zugführer „**Auseinander — Marsch! Marsch!**" (Standarte s. [§ 105, 7]). Vgl. [§ 167].

[§ 165.] Nach der Attacke wird, nachdem die Truppe in Trab übergegangen ist, stets das Handgemenge dargestellt. Dazu kommandirt der Führer „**Zum Einzelgefecht auseinander!**", worauf die Glieder sich auflösen und die Mannschaften, Hiebe und Stiche ausführend und andeutend, sich im Schritt nach vorwärts durcheinander bewegen.

[§ 166.] Bei den Uebungen wird auf Signal „Verfolgung!" in aufgelöster Ordnung und schnellster Gangart vorgegangen; die Führer sammeln unter Umständen Abtheilungen, welche dem Feinde nicht unmittelbar an der Klinge sind. Der Führer des Standartenzuges bleibt bei der Standarte zurück und sucht, wenn nicht geschlossene Abtheilungen folgen, einen Trupp zu ihrem Schutze zu sammeln.

[§ 167.] Sammeln.

[1.] Vorwärts.

Aus dem Handgemenge und der Verfolgung auf Signal „Regiments-Ruf!", welchem in letzterem Falle „Halt!" vorhergeht. Möglichst schnell, in Linie hinter dem Führer. Auf „Divisions-Ruf!" sammeln sich die Regimenter.

[2.] Rückwärts.

Auf Signal „Appell!", wenn nicht „Gangart!" folgt, in der Karriere linksumkehrt, auf „Front!" (von allen Trompetern nachzublasen, von allen Zugführern nachzukommandiren) wiederum linksumkehrt!, auf das unmittelbar folgende Signal „Regiments-Ruf!" Sammeln hinter dem Führer!

[3.] Allgemein kommt es darauf an, daß sehr schnell eine geschlossene, zweigliedrige Linie, ohne Rücksicht auf ursprüngliche Rangirung, hergestellt wird.

[Neunter Abschnitt.]

Ausbildung und Gebrauch der Kavallerie in mehreren Treffen.

[§§ 168—186.] Die Kavallerie-Division wird zum einheitlichen Fechten gegen Kavallerie meist in drei ungleich starke Treffen gegliedert, von denen das 1., welches möglichst stark gemacht wird und in welchem die schweren Regimenter vorzugsweise ihren Platz finden, den Hauptstoß zu führen hat; das 2. dazu dient, jenes direkt zu unterstützen und daher mit dem größeren Theile seiner Eskadrons bebordirend hinter einem oder beiden Flügeln folgt; das 3., schwächste, die Reserve bildet. — Treffenabstand (zwischen den Frontlinien) vom 1. zum 2. 300, vom 2. zum 3. 450 Schritt.

Markiren des Feindes: a. durch einzelne, mit Flaggen versehene Reiter unter Führung eines Offiziers, welche sich nur im Schritt bewegen und lediglich den Punkt bezeichnen, auf welchen der Angriff zu richten ist. b. Durch kleine, mit Flaggen versehene Abtheilungen aller Waffengattungen, welche nach den Instruktionen des Divisionsführers die feindlichen Stellungen und Bewegungen in den einzelnen Gefechtsmomenten darstellen. c. Durch Flaggen-Eskadrons ꝛc. unter einem höheren Offizier. d. Zwei Kavallerie-Abtheilungen manövriren in voller Stärke gegen einander.

Bei Uebungen müssen die Attacken auf 20 Schritt von einander beendet sein, dann kommt das Handgemenge in dieser Entfernung zur Darstellung. Flankenangriffe sind im Allgemeinen da zu beenden, wo der Feind vorausgesetzt wird. Beim Degagiren wird die Attacke bis in die Mitte des verfolgend gedachten Feindes geführt. Bei Flankendeckungen muß stets Verbindung zum Zusammenwirken der einzelnen Treffen und Treffentheile erhalten bleiben.

Bereitschaftsformation in Regimentern bezw. Brigaden: die Regimenter bezw. Brigaden folgen hintereinander in Regiments- bezw. Brigadekolonne, mit Abstand von 30 bezw. 50 Schritt (von den Pferdeschweifen des letzten Gliedes der vorderen zu den Pferdeköpfen des 1. Gliedes der nachfolgenden Truppe).

Zum Angriff auf Infanterie: meist drei gleich starke Treffen (Brigaden); Treffenabstand 200 Schritt; das vordere Treffen mit je einer Eskadron bebordirend.

Die Artillerie gegen feindliche Angriffe zu schützen, ist Pflicht der ihr zunächst befindlichen Truppen. Erhält sie unter besonderen Verhältnissen eine Partikularbedeckung, so folgt diese ihren Bewegungen und sichert sie gegen Ueberraschung; unter Umständen schiebt sie abgesessene Karabinerschützen vor.

[Dritter Theil.]
Ausbildung und Gebrauch der Kavallerie im Gefecht zu Fuß.

[§§ 187—204.] Das Gefecht zu Fuß ist für die Kavallerie ein Nothbehelf, der aber nicht gescheut werden darf und, wenn ergriffen, kräftig gebraucht werden muß. Bedingung für die Anwendung ist Ausrüstung mit dem Karabiner. Ueberraschendes Beginnen ist geeignet, die Wirkung zu steigern. — Die Einheit für dasselbe ist die Eskadron. Diese gliedert sich in die zu Fuß fechtenden Schützen, die Reserve zu Pferde und die Handpferde. — Für das Gefecht zu Fuß bilden die Schützen eines Zuges zwei „Gruppen". Aus den Gruppen des 1. Zuges (1. und 2. Gruppe) und denen des 2. (3. und 4.) wird der 1., aus denen des 3. und 4. (5. und 6., bezw. 7. und 8. Gruppe) wird der 2. „**Schützenzug**" formirt. Jeder der Schützenzüge wird von einem „Zugführer", jede Gruppe von einem „Gruppenführer" (Unteroffizier) geführt. Ueber beide übernimmt der Eskadronchef oder ein von diesem zu bestimmender Offizier das Kommando. Bei letzterem befindet sich ein Trompeter. — Wenn voraussichtlich nicht die ganze Eskadron zum Fußgefecht gebraucht wird, so bleiben ganze Züge als Reserve zu Pferde. — Handpferde, wenn sämmtliche Schützen absitzen, wo möglich unter Kommando eines Offiziers; bei denselben bleiben der Wachtmeister, thunlichst bei jedem Zuge ein Unteroffizier und einige Mann zur Aufrechterhaltung der Verbindung, für welche letztere der das Kommando über die Handpferde führende Offizier zu sorgen hat. Während des Fußgefechtes dürfen Aufklärung und Beobachtung, besonders in den Flanken, nicht unterbrochen werden. Ist eine Reserve zu Pferde nicht verfügbar, so bleiben Patrouillen zu Pferde.

Offiziere und Führer der Schützenzüge bedienen sich einer kleinen Pfeife, um nöthigenfalls die Aufmerksamkeit der Gruppenführer und Schützen auf sich zu lenken. Signale sind äußerst zu beschränken; von dem das Fußgefecht führenden Offizier sind anzuwenden: „Aufsitzen", wenn das Ziel des Gefechtes erreicht ist, und ausnahmsweise „Feuern" und „Stopfen". Vom Eskadronchef kann „Aufsitzen" als Ruf an die Pferde gegeben werden. Geht dieses Signal von letzterem aus, wenn er nicht persönlich das Fußgefecht führt, so wird die Bewegung erst auf Kommando des das Fußgefecht führenden Offiziers ausgeführt. Von letzterem gegeben, ist das Signal das Avertissement für die Handpferde, daß das Ziel erreicht ist.

Zum Absitzen (wo möglich an verdeckter Stelle) kommandirt der Eskadronchef: „**Zum Gefecht zu Fuß — Fertig zum Absitzen!**" oder avertirt die Zugführer, welche absitzen lassen sollen. Die Formation geschieht nach [§ 71]. Das Seitengewehr wird event. eingesteckt, bezw. die Lanze von den Nrn. 3 an Arm genommen, der Karabiner von allen Nrn. 1 und 2 um die Schulter gehängt. Die Nrn. 1 und 2 und die dazu bestimmten Unteroffiziere und Trompeter machen sich fertig und sitzen auf „**Abgeseſſen!**" ab. — Bei einer Dragoner- oder Huſaren-Eskadron nehmen die Nrn. 3 die heruntergenommenen Trenſenzügel der Pferde der Nrn 1 und 2 in Empfang. Bei Abmärſchen zu Zweien bleibt Nr. 2 zu Pferde. Bei einer Ulanen-Eskadron nimmt Nr. 1 die Lanze von Nr. 2 und steckt beide Lanzen in den Doppel-Lanzenſchuh von Nr. 3; Nr. 2 ſteckt ſeinen heruntergenommenen Trenſenzügel durch den heruntergenommenen von Nr. 1; Nr. 3 verkürzt ſeinen Armriemen durch Schlagen eines Knotens um die Lanzenſtange, empfängt beide Lanzen durch Nr. 1, ſchlägt den Armriemen der vorderſten von innen nach außen um die hintere, führt ihn zwiſchen beiden oberhalb des Schloſſes hindurch, ſtreift ihn auf den linken Arm, und empfängt durch Nr. 2 die Pferde von Nr. 1 und 2 am durchgeſteckten Trenſenzügel. Bei einem Abmarſch zu Zweien bleibt Nr. 2 zu Pferde und nimmt die Lanze von Nr. 1 an den linken Arm. Die Zugführer beſtimmen, wer zum Führen der Pferde der Offiziere, Unteroffiziere und Trompeter, der Eskadronchef wer als Eclaireur, Ordonnanz, zu Gefechtspatrouillen ꝛc. außerdem zu Pferde bleiben ſoll. Die Schützen haken den Säbel ein, ſtecken noch die Patronen aus den Packtaſchen zu ſich und treten, wenn die Eskadron in Linie formirt war, vor, wenn ſie in Kolonne formirt war, vor oder neben derſelben, da, wo der Eskadronchef hält, zugweiſe in zwei Gliedern an. Die Führer rangiren ihre Schützenzüge. Der das Gefecht führende Offizier und die Führer der Schützenzüge ſitzen ſtets ab.

Unter Verhältniſſen kann die vorſtehend bezeichnete Zahl der Pferdehalter, bezw. abſitzenden Mannſchaften, verkleinert oder vergrößert werden.

Ob ſofort ganze Züge zur Schützenlinie zu verwenden oder ob mehrere Gruppen als Unterſtützungstrupp zurückzulaſſen ſind, beſtimmt der das Fußgefecht führende Offizier. In der Regel wird zunächſt ein Unterſtützungstrupp gebildet. „**Auf „unter Zug" oder „nte und nte Gruppe ſchwärmen!**" ziehen dieſe ſich auseinander und nehmen die von ihren Führern bezeichnete Direktion an.

Die Schützenzüge werden unmittelbar von den Zugführern dirigirt, die Gruppenführer ſind deren Gehülfen, nicht eine beſondere Kommandoſtufe. Die Gruppeneintheilung iſt nicht unbedingt bindend. Die Bewegungen im Terrain werden Verſchiebungen innerhalb der Gruppen unvermeidlich machen; die Wirkſamkeit der Unteroffiziere iſt nicht an die einzelnen Gruppen gefeſſelt. Für **Aufſtellung einer Schützenlinie** ſind eigene Feuerwirkung und demnächſt Deckung gegen das feindliche Feuer beſtimmend. Es kommt weder auf Richtung noch auf gleiche Zwiſchenräume und auf den Zuſammenhang nur inſoweit an, daß die einzelnen Züge leitungsfähig bleiben. Auf günſtigen Punkten dürfen ganze Züge dicht um ihre Führer vereinigt werden; die Schützen liegen, knieen oder ſtehen, je nach dem Terrain; Zug- und Gruppenführer begeben ſich dahin, wo ihre Gegenwart nöthig iſt; bei der ſich nicht bewegenden Schützenlinie befinden ſie ſich hinter, bei Direktionsveränderungen und Vorwärtsbewegungen vor derſelben. Bewegungen im lebhaften Schritt oder im Laufen. Karabiner in der Regel in der rechten Hand („Karabiner rechts"). — Der führende Offizier und die Führer der Schützenzüge bezeichnen Ziel, Entfernung, Viſir und, nöthigenfalls, wie gehalten werden ſoll, durch Zuruf, welcher von den Gruppenführern und in der Schützenlinie weitergegeben wird. Es iſt zweckmäßig, beim Schützenfeuer jedesmal die Zahl der zu verſchießenden Patronen zu beſtimmen. Unter Umſtänden, namentlich vor bezw. gegen den letzten Anlauf, iſt Schnellfeuer anwendbar. Während der Bewegung wird nicht gefeuert.

Der Unterstützungstrupp (geschlossen in zwei Gliedern) steht unter einem Zugs- oder dem ältesten Gruppenführer. Bildung desselben ist räthlich, wenn man Terrain oder Maßregeln des Feindes noch nicht klar genug übersehen kann. Verwendung zur Verstärkung wichtiger Punkte in der Schützenlinie oder zur Verlängerung der Flügel; im ersteren Falle darf das Feuer Unterbrechung nicht erleiden. Der Unterstützungstrupp folgt der Schützenlinie, möglichst gedeckt, in Linie oder in Reihen; während jene hält, schützt er sich durch Niederknieen oder -legen; Karabiner in der Regel rechts.

Angriffsbewegungen rasch und verdeckt, Feuergefecht erst auf wirksame Schußweite; Umfassen in der Flanke vortheilhaft. Bei geringer Deckung durch das Terrain wird im wirksamen Feuer sprungweises Vorgehen angewandt. Auf „Marsch! Marsch!" allgemeiner Anlauf. Ist der Feind geworfen, so wird die gewonnene Oertlichkeit besetzt und der Feind durch Feuer verfolgt. Bei der Vertheidigung Benutzung des geeignetsten Terrains; bei Oertlichkeiten Besetzung des äußeren Randes; Verstärkung der Vertheidigungsfähigkeit. Rückzug nach dem Befehl des führenden Offiziers im Schritt oder im Laufen. Will der Eskadronchef, wenn er das Fußgefecht nicht persönlich führt, die Schützen zurückrufen, so bedient er sich des Signals „Aufsitzen!"

Die Reserve zu Pferde setzt die Beobachtung fort, nimmt Chancen des Gefechtes wahr, deckt das Auf- und Absitzen sowie die Handpferde. Diese müssen gegen überraschenden Angriff gesichert, möglichst ver- und gegen Feuer gedeckt, aufgestellt werden; ihr Führer muß über den Gang des Gefechts orientirt und mit den Schützenzügen in Verbindung sein. Aufsitzen im wirksamen Feuer ist unausführbar. Ist der Gegner geworfen oder sein Angriff abgewiesen, so werden die Handpferde den Schützen- zu oder entgegengeführt; ziehen diese sich zurück, so bleiben sie in ihrer Aufstellung. Der das Fußgefecht führende Offizier muß unterrichtet sein, wo er des Pferde findet.

Auf das Avertissement „Aufsitzen!" sitzen die Schützen einzeln auf und schließen in zwei Gliedern, ohne Rücksicht auf die frühere Rangirung, schnell zusammen.

[Vierter Theil.]
Große Parade.

[§ 205.] Allgemeine Bestimmungen.

[7.] Wenn „Hurrah!" gerufen werden soll, wird es besonders befohlen.

[8.] In der Paradeaufstellung sieht jeder Mann auf das Kommando zu den Honneurs (wenn die Parade von links abgenommen wird, auf das zum Augenwechsel) unter mäßiger Drehung des Kopfes den die Parade Abnehmenden frei an und folgt ihm mit den Augen, bis derselbe 3 bis 4 Schritt vorüber ist.

[9.] Jeder eine Parade Kommandirende übergiebt dem Abnehmenden, sobald dieser sich der Aufstellung nähert, einen Frontrapport. Ist ersterer zu Pferde, so läßt er dabei das Seitengewehr an dem über die rechte Hand geschlungenen Portepee herabhängen. Er begleitet dann den Abnehmenden, mit gesenktem Seitengewehr, an dessen äußerer Seite, sich nach seinem Dienstalter in die denselben begleitenden Befehlshaber einreihend.

[11.] Jeder eine Parade Kommandirende salutirt beim Vorbeimarsch etwa in der Höhe des ersten Points.

[12.] Beim Vorbeimarsch begiebt sich der Kommandirende, sobald er am Abnehmenden vorüber ist, rechts im Galopp heraus, an dessen rechte Seite, wo er mit gesenktem Seitengewehr verbleibt, bis der Vorbeimarsch beendet ist.

[13.] Der Standartenträger bricht bei den Points hinter dem Flügel-Unteroffizier ab; sobald er vorüber ist, marschirt er auf.

[14.] Die rechten Flügel-Unteroffiziere müssen sich bei jedem Vorbeimarsche genau in der Marschrichtungslinie erhalten und sehen deshalb gradeaus, während alle Uebrigen die Köpfe rechts nehmen und bis zur Höhe des die Parade Abnehmenden die Augen auf diesen richten.

[16, 17.] Zwischenräume bei der Paradeaufstellung zu Fuß wie zu Pferde: zwischen den Regimentern 12, zwischen den Brigaden 40 (vom linken Flügel der einen, bis zu den Trompetern der anderen Abtheilung). — Abstände beim Vorbeimarsch: 80 bezw. 100 Schritt (von den Schließenden der einen, bis zu den Trompetern der anderen Abtheilung).

[§ 206.] Paradeaufstellung einer Eskadron zu Fuß.

„Paradeaufstellung!"

Nach [§§ 12, 13, 14]; 1. Glied des Trompeterkorps, wenn dieses anwesend, 4 Schritt rechts vom 2. Gliede der Eskadron, mit seinem 1. Gliede auf dieses gerichtet; Standarte rechts neben dem Offizier des 2. Zuges.

„Achtung! — Präsentirt das Gewehr!"

Sobald der Eskadronchef dies (Front gegen die Eskadron) kommandirt hat, begiebt er sich auf seinen Platz (einen Schritt rechts von den Trompetern, mit dem 1. Gliede gerichtet) und erwartet den die Parade Abnehmenden. Kommt dieser vom linken Flügel, so kommandirt er nach dem Präsentiren: „Augen — links!" und stellt sich einen Schritt links vom linken Flügeloffizier auf. Nachdem er den Abnehmenden die Front hinunter begleitet hat, kehrt er auf seinen Platz vor der Eskadron (Front gegen dieselbe) zurück, giebt den Trompetern das Zeichen zum Einstellen des Blasens und kommandirt:

„Achtung! — Gewehr auf — Schulter!", bezw. vorher „Augen — rechts!" und nimmt wieder Front nach außen.

[§ 207.] **Vorbeimarsch einer Eskadron zu Fuß.**

Die Eskadron formirt die geschlossene Kolonne in Zügen [§ 34]. Dann wird „**Paradenarsch!**" avertirt, worauf die Trompeter sich 25 Schritt vor den 1. Zug und der Führer desselben sich 2 Schritt vor dessen Mitte setzen. Dann wird nach [§ 38] „**Distance genommen!**" Standarte wie [§ 206] angegeben; 1. Glied 2 Schritt vom Zugführer, schließende Unteroffiziere 2 Schritt vom 2. Gliede, schließende Offiziere 2 Schritt von der Unteroffizierlinie; Eskadronchef 12 Schritt vor der Mitte des 1. Zuges. Parade=Zugabstand: so viel Schritte, als die Züge, einschl. Flügel=Unteroffiziere, Rotten zählen, vom 2. Gliede des vorangehenden zum 1. des folgenden bemessen. Die Trompeter setzen sich dem Abnehmenden gegenüber. — Nach beendetem Vorbeimarsche „**Eskadron — Halt!**" oder, wenn derselbe wiederholt werden soll, „**Trompeter vor die Tete!**", worauf der erste Zugführer halten läßt, die zweite zur geschlossenen Kolonne aufrückt und die Trompeter sich vor die Mitte setzen.

[§ 209.] Beim Vorbeimarsch eines oder mehrerer Regimenter in Eskadronsfront avertirt der Regimentskommandeur: „**Paradenarsch!**" und „**Eskadronsweise anmarschiren!**" Die Eskadronchefs kommandiren das Antreten und marschiren 4 Schritt vor der Mitte. Die Eskadrons haben den [§ 207] angegebenen Zugabstand.

[§ 210.] Bei der Parade zu Pferde sind Richtung und Fühlung auf „**Paradeaufstellung!**" bezw. „**Paradenarsch!**", bis das Kommando „**Trompeter zur Eskadron!**" erfolgt, rechts.

[§ 211.] Bei der „**Paradeaufstellung!**" einer Eskadron zu Pferde sind Aufstellung und Eintheilung der Offiziere und Unteroffiziere wie [§§ 63, 64, 65] angegeben, nur der Wachtmeister schließt in der Linie der schließenden Unteroffiziere hinter der 2. Rotte vom linken Flügel des 4. Zuges, zweite schließende Unteroffiziere sind nicht vorhanden, auch befindet sich kein Trompeter beim Eskadronchef. Ist das Trompeterkorps zur Stelle, so steht es 6 Schritt vom rechten Flügel, mit dem 2. Gliede gerichtet; Standarte rechts neben dem rechten Flügel=Unteroffizier des 3. Zuges. — Beim Nahen des die Parade abnehmenden Vorgesetzten kommandirt der Eskadronchef, Front nach außen, „**Achtung!**", worauf salutirt wird; begiebt sich in schnellster Gangart auf den rechten Flügel in die Linie der Zugführer, 1 Schritt rechts von denselben, bezw. nachdem er „**Augen links!**" kommandirt hat, auf den linken in dieselbe Linie, 1 Schritt links vom linken Flügel=Unteroffizier; verfährt nach [§ 205, 9]; reitet demnächst vor die Mitte; läßt das Blasen der Trompeter einstellen; kommandirt (Front nach der Eskadron) „**Achtung!**", worauf zurücksalutirt wird. War „**Augen links!**" vorhergegangen, so wird zunächst „**Augen rechts!**" kommandirt.

[§ 212]. **Vorbeimarsch einer Eskadron zu Pferde.**

[1.] In Zügen:

„**Paradenarsch!**" bezw. „**Der erste Zug gradeaus!**" und „**Mit Zügen rechts schwenkt!**" — „**Trab!**"

Auf „**Der erste Zug gradeaus!**" setzen sich die Trompeter im Trabe 25 Schritt vor die Mitte des 1. Zuges. Auf das Kommando zum Schwenken gehen der 1. Zug und die Trompeter Zugbreite vor, die übrigen schwenken. Beim Abschwenken setzen sich die ersten schließenden Unteroffiziere auf die linken Flügel der 2. Glieder, der Wachtmeister bleibt auf seinem Platze; der schließende Offizier reitet 5 Schritt hinter der Mitte des 4. Zuges; sind zwei vorhanden, so haben sie Vordermann auf die zweiten Rotten von den Flügeln des 4. Zuges.

„Halt!" und „Eskadron — Marsch!"

Eskadronchef 4 Schritt vor dem Führer des 1. Zuges; Parade-Zugabstand [§ 207], von den Schweifen 2. Gliedes des vorderen bis zu den Köpfen 1. Gliedes des folgenden Zuges bemessen, wird bei dem aufzustellenden Point (schließender Offizier, wenn vorhanden) genommen; Trompeter setzen sich dem Abnehmenden gegenüber.

Soll ein zweiter Paradmarsch gemacht werden, so kommandirt der Eskadronchef: „Trompeter vor die Tete!", soll zum Exerziren übergegangen werden: „Trompeter zur Eskadron!"

Der 1. Zugführer läßt sofort halten; die übrigen rücken vorher im Schritt auf den gewöhnlichen Zugabstand heran. Im ersteren Falle begeben die Trompeter sich im Trabe vor die Tete, in letzterem im Galopp an ihre Plätze, welche überhaupt jetzt von Allen wieder eingenommen werden, denen für die Parade andere angewiesen waren.

[2.] In Zügen mit Aufmarsch in die Eskadron.

„Paradmarsch mit Aufmarsch!" (im Uebrigen wie unter [1.]) und „Eskadron — links marschirt auf — Galopp — Marsch!"

Letzteres Kommando mit gesenktem Seitengewehr vom Platze neben dem die Parade Abnehmenden, wenn der 3. Zug in die Höhe des Letzteren kommt. Der Tetenzug bleibt gradeaus, die übrigen „Halblinks! — Galopp — Marsch!", demnächst „Gradeaus!" und „Schritt!"; Eskadronchef nach seinem „Marsch!" in schnellster Gangart um den rechten Flügel vor die Mitte.

[3.] In halben Eskadrons.

„Eskadron — in halbe Eskadrons links marschirt auf! — Trab!"

„Aufgerückt — Trab!"

Aus der Zugkolonne kommandiren die Führer des 1., 2. und 4. Zuges wie zum Aufmarsch in die Linie, der des 3. wie der des 1.; der älteste Zugführer der 2. halben Eskadron wiederholt das Ausführungskommando zum Aufrücken und läßt auf gewöhnlichen Zugabstand halten. Hierauf avertirt der Eskadronchef „Paradmarsch!" und kommandirt „Eskadron — Marsch!", worauf nach [1.] Parade-Zugabstand genommen und weiter verfahren wird, der schließende Offizier schließt jedoch hinter der Mitte der 2. halben Eskadron, zwei etwa vorhandene hinter dem 3. und 4. Zuge.

„Paradmarsch im Trabe (im Galopp)!"

[4.] In Eskadronsfront.

Trompeter (im Trabe) 60, Eskadronchef 30 Schritt vor der Mitte, Plätze der schließenden Offiziere und Unteroffiziere wie in der Linie, Wachtmeister s. [§ 211].

[§ 213.] Bei der Paradeaufstellung des Regiments in Linie halten die Eskadronchefs auf den rechten Flügeln, in der Linie der Zugführer, 1 Schritt vom Flügel-Unteroffizier; sie kommandiren nicht nach.

Um das Regiment für die Paradeaufstellung in Kolonne in Eskadrons zu formiren: **„Regiment — rechts in Kolonne in Eskadrons — Marsch!"** Darauf avertirt der Chef der rechten Flügeleskadron **„Eskadron — Gradeaus!"**, kommandirt nach dem „Marsch!" des Regimentskommandeurs **„Trab!"**, rückt mit der Eskadron Zugbreite und 9 Schritt vor, kommandirt **„Eskadron — Halt!"**, übrige **„Eskadron — rechtsum — Marsch!"**, dann „Trab!", bezw. **„Halbrechts — Trab!"**, und **„Eskadron — Gradeaus!"** Darauf am linken Flügel der Eskadron, nachdem sie diese haben an sich vorbeiziehen lassen, mit der Front nach der Eskadron, **„Eskadron — Front!"** und **„Halt!"**; Abstand der Eskadrons: gewöhnlicher Zugabstand und 6 Schritt.

[§ 214.] Beim Vorbeimarsch des Regiments in Zügen kommandiren die Eskadronchefs nicht nach. — Soll mit dem Vorbeimarsche ein Aufmarsch verbunden werden, so reiten sie, wenn sie sich dem Abnehmenden nähern, rechts heraus und verfahren im Uebrigen nach [§ 212, 2]. — Beim Vorbeimarsch in halben Eskadrons kommandiren sie nach [§ 212, 3] und führen ihre Eskadron auf Zugkolonnen-Abstand an die vordere heran. — Zum Vorbeimarsch in Eskadronsfront wird die Aufstellung in Kolonne in Eskadrons angenommen. Soll dies aus halben Eskadrons geschehen, so kommandirt der Regimentskommandeur: **„Trompeter vor die Tete!"** und demnächst **„Formirt die Eskadrons!"**, darauf die Eskadronchefs **„Dritter und vierter Zug — linksum — Marsch!"**, demnächst **„Trab!"** und, wenn der erforderliche Raum gewonnen ist, **„Front!" — Halt! — Richt — Euch!"** Darauf der Regimentskommandeur **„Aufrücken!"**, dann die betr. Eskadronchefs **„Eskadron — Trab!"** und **„Eskadron — Halt!"** Demnächst reitet jede Eskadron auf Kommando ihres Chefs an, die vorderste hat 60 Schritt Abstand von den Trompetern, die folgenden nehmen Eskadronsabstand. — Auf **„Ohne Abstand aufgerückt — Gangart!"** (vor dem Vorbeimarsche) rücken auf Kommando die ganzen oder halben Eskadrons auf Gliederdistance auf; die Zugführer reiten rechts, bezw. links heraus. Den Punkt, wo Abstand genommen werden soll, bezeichnen schließende Offiziere der Regimenter, welche sich ablösen.

[Anhang.]

Abholen und Abbringen der Standarte.

[§ 215.] Zu Fuß: [1.] Abholen. Die Eskadron marschirt in Linie vor dem Hause auf; auf **„Standarten-Unteroffiziere Marsch!"** marschiren der jüngste Offizier und hinter demselben der Standartenträger und ein zweiter Unteroffizier in dasselbe hinein. Der Offizier und der zweite Unteroffizier nehmen nach Empfang der Standarte das Gewehr auf. Sobald der Erstere, von der Standarte und hinter dieser vom zweiten Unteroffizier gefolgt, das Haus verläßt, wird präsentirt und die vierte Post des Parademarsches geblasen. Die Standarte wird vor den rechten Flügel des 1. Zuges gebracht, der Offizier tritt links, der vorjüngste rechts neben dieselbe, der zweite Unteroffizier um den rechten Flügel auf seinen Platz. Beim Abmarsche folgen sich: Trompeter, Eskadronchef, Standarte nebst begleitenden Offizieren, Eskadron.

[2.] **Abbringen.** Es wird aufmarschirt, präsentirt, was Standartenoffizier und Standarte nicht mitmachen, und „Abtrupp" geblasen; der Standartenoffizier tritt vor die Standarte, kommandirt, wenn der zweite Unteroffizier zur Folge bereit ist, „**Vorwärts — Marsch!**" und bringt die Standarte in die Wohnung des Vorgesetzten; die Escadron marschirt ab, ohne die Rückkehr zu erwarten.

[§ 216.] **Zu Pferde:** [1.] **Abholen** (durch eine halbe, zur großen Parade durch eine ganze Escadron). Der jüngste Offizier, der Standartenträger, ein zweiter Unteroffizier und die nöthigen Pferdehalter begeben sich schon vorher in das Haus und erwarten die Escadron innerhalb desselben. Im Uebrigen ergiebt sich das Verfahren aus [§ 215]. Die Pferde der Abgesessenen stehen hinter dem Zwischenraume zwischen Trompetern und Escadron.

[2.] **Abbringen.** Nachdem Aufstellung genommen, wird die Standarte vor den rechten Flügel des 1. Zuges gebracht; der Escadronchef kommandirt „**Richt Euch!**" Der Offizier ꝛc. sitzen ab, auf „**Achtung!**" des Escadronchefs blasen die Trompeter „Abtrupp", der Offizier kommandirt „**Vorwärts — Marsch!**"; im Uebrigen wie zu Fuß.

Gedruckt in der Königlichen Hofbuchdruckerei von E. S. Mittler und Sohn,
Berlin, Kochstraße 68—70.